中国科普作家协会原理事长、
中国科学院院士刘嘉麒作序推荐

科学的故事丛书
THE STORY OF SCIENCE

徜徉科学世界，汲取自然灵气，浓缩历史精华。
让阅读，与众不同。

The Story of Geography

地理的故事

杨天林／著
潘云唐／审订

科学出版社
北京

内 容 简 介

地理学是对人类居住世界的描述，不仅要研究某个特定时代、特定地域的自然环境，还要研究人文环境及它们之间的相互关系。

本书生动讲述了古代东西方世界的地理观念、中古时期地理知识的形成、不同地质历史时期的地理环境、历史上的地质演化和海陆变迁、地理大发现、近代地质学理论的发展及20世纪以来地质学的新进展等内容，带领读者认识了历史上重要的地理学家和地质学家，如中国的张骞、法显、玄奘、郦道元、徐霞客等，西方的托勒密、马可·波罗、哥伦布、洪堡、赖尔等，他们的故事至今仍然激励着我们。

图书在版编目 (CIP) 数据

地理的故事 / 杨天林著 .—北京：科学出版社，2018.9
（科学的故事丛书）
ISBN 978-7-03-053741-6

Ⅰ. ①地…　Ⅱ. ①杨…　Ⅲ. ①地理–世界–普及读物
Ⅳ. ① K91-49

中国版本图书馆 CIP 数据核字（2017）第 138760 号

丛书策划：侯俊琳
责任编辑：朱萍萍　田慧莹　刘巧巧 / 责任校对：邹慧卿
责任印制：赵　博 / 插图绘制：郭　警
封面设计：有道文化

科学出版社出版
北京东黄城根北街16号
邮政编码：100717
http://www.sciencep.com
北京厚诚则铭印刷科技有限公司印刷
科学出版社发行　各地新华书店经销
*
2018年9月第 一 版　开本：720×1000　1/16
2026年1月第六次印刷　印张：14 3/4
字数：206 000
定价：58.00元
（如有印装质量问题，我社负责调换）

总　　序
科学中有故事　故事中有科学

人类来源于自然，其生存和发展史就是一部了解自然、适应自然、依赖自然、与自然和谐共处的历史。自然无限广阔、无限悠长，充满着无数奥秘，令人类不断地探索和认知。从平日的生活常识，到升天入地探索宇宙的神功，无时无地不涉猎科学知识，无事无物不与科学密切相关。人类生活在一个广袤的科学世界里，时时刻刻都要接受科学的洗礼和熏陶。对科学了解得越多，人类才能越发达、越进步。

由杨天林教授撰著的“科学的故事丛书”，紧密结合数学、物理、化学、天文、地理、生物等有关知识，以充满情趣的语言，向广大读者讲述了一系列富有知识性和趣味性的故事。故事中有科学，科学中有故事。丛书跨越了不同文化领域和不同历史时空，在自然、科学与文学之间架起了一座桥梁，为读者展现了一个五彩缤纷的世界，能有效地与读者进行心灵的沟通，对于科学爱好者欣赏文学、文学爱好者感悟科学都有很大的感染力，是奉献给读者的精神大餐。

科学既奥妙，又充满着韵味和情趣。作者尝试着通过一种结构清晰、易于理解的方式，将科学的严谨和读者易于感知的心灵联系起来。书中的系列故事和描述引领读者走向科学的源头，在源头和溪流深处追忆陈年往事，把握科学发展的线索，感知科学家鲜为人知的故事和逸闻趣事。这套书让读者在阅读中尽情体会历史上伟大科学家探索自然奥秘的幸福和艰辛，可以唤起广大读者，特别是青少年朋友对科学的兴趣，并在他们心中播下热爱科学的种子。

科学出版社组织写作和出版这套丛书，对普及科学知识，提高民众的科学素质无疑会发挥积极作用。我期待这套丛书早日与读者见面。

中国科普作家协会原理事长
中国科学院院士

2018 年 1 月

前　言

科学的源头在哪里？科学是如何发展起来的？在人类社会的发展和变革中，科学曾经产生了怎样的影响？我们对宇观世界的认识、对宏观世界的认识、对微观世界的认识是如何得来的？

翻开“科学的故事丛书”，你一定能找到属于自己的答案。

作者在容量有限的篇幅中，将有关基础知识、理论和概念融合成一体，在一些领域也涉及前沿学科的基本思想。阅读“科学的故事丛书”，有助于读者从中了解自然演变和科学发展的真实过程，了解散落在历史尘埃里的科学人生及众多科学家的人文情怀，了解科学发展的线索，了解宇宙由来及生命演化的奥秘。借此体验科学本身的魅力，以及它曾结合在文化溪流中、又散发出来的浓烈异香。

本套丛书中，有古今中外著名科学家的趣闻轶事，有科学的发展轨迹，有自然演化和生命进化的朦胧痕迹，有发现和创造的艰难历程，也有沐浴阳光的成功喜悦。丛书拟为读者开辟一条新路径，旨在换个角度看科学。我们将置身于科学精神的溪流中，潺潺而过的是饱含科学韵味的清新语言，仿佛是深巷里的陈年老酒，令人着迷甚至痴醉。希望读者能够通过阅读启发心智、培养情趣、走进神圣自然、感知科学经典。

英国著名历史学家汤因比（Arnold Joseph Toynbee）曾说：“一

个学者的毕生事业，就是要把他那桶水添加到其他学者无数桶水汇成的日益增长的知识的河流中。”本套丛书就是一条集合前人学者科学智慧的小溪，正迫不及待地汇入知识河流中，希望能够为不同学科、不同领域间的沟通和交流起到媒介、引导作用，也期望更多对自然科学感兴趣的爱好者能够在阅读中体验到一份来自专业之外的惊喜和享受。

目　录

第一章
地质年代

“地质年代”是我们阅读本书经常要碰到的概念，如侏罗纪。不过，“侏罗纪”这个名称的闻名应该归功于《侏罗纪公园》这部电影。在电影里，恐龙是这个公园的主角。另一个比较熟悉的地质年代就是白垩纪了，因为白垩纪的结束对应着恐龙的灭绝。

还有更多的地质年代不是每个人都熟悉的，像寒武纪、奥陶纪、志留纪、泥盆纪、石炭纪、二叠纪、三叠纪等。

实际上，地质学有自己的流行法则，像现代人们的发型和装束一样，在划分和命名地球及生命历史方面，既照顾了古典和传统，也迎合了当代的某种时尚。

一、地质年代的划分

通常情况下，人们通过确定地质年代来认识地球。在这个过程中，人们能够确定地质事件发生的先后顺序，也能更完整地了解地球的演变。

地质变化有其自身的发展规律及周期，因而也呈现出明显的阶段性。根据各种类型的岩石、岩层变形的迹象、岩层或岩体之间的关系等地质记录，结合化石类型、放射性同位素衰变、古地磁等方法就可以确定地质变化的大致轮廓和基本规律。

地质年代泛指地球上因各种地质事件而产生的时代。具体包括相对地质年代和绝对地质年代两个方面。通常情况下，只有结合这两个方面，才能对地质事件、地球和地壳演变有较完整的认识。相对地质年代指地层生成顺序及相对的新老关系。它只能表示地质历史上的相对顺序和发展阶段，却不能表示各个地质时代单位的长短。在研究过程中，通常并不一定需要了解演化历史中地质事件发生的准确时间，只需要了解它们之间的先后顺序。在没有找到更合适的方法之前，地质学家通常会采用相对地质年代的方法来确定先后顺序，而这种方法目前仍然是地质学家研究地质演变过程的主要手段。绝对地质年代通常通过测定岩石中放射性同位素的含量而获得，由其衰变规律便能确定岩石的年龄。绝对地质年代以绝对天文单位“年”来表示地质时间。通常情况下，人们能够用绝对地质年代判断地质事件的发生、延续及结束。

地质年代的划分根据地层中岩石和古老生物的时间序列而定。

在地球演化的漫长历史时期，这种划分也是相对的和模糊的，不可能精确，能够做到误差在几万年就已经很不容易了。

年代是古生物学研究的重要内容之一。通过观察事件在岩石层序中出现的相对顺序，我们就能够建立事件发生的顺序。岩层是确定过去发生事件的重要依据，如果在事件A下面的地层中记录了事件B，那么有理由认定事件A发生于事件B之后，这就是地层学的基本原理之一。

当把化石记录和粗略的年代学联系起来后，我们就能大致知道植物登陆大地的时间、最早的种子演化时间和最早的被子植物出现时间。

准确划分的地质年代能表明地质历史时期的先后顺序，也能对地质时期和地质状态的相互关系做出判断，包括对相对地质年代和绝对地质年代的判断。这是研究地质发展历史、研究区域地质构造和编制地质图的重要基础。

在人类没有找到更合适的判断地质年代的方法之前，人们通常会估计地球的年龄和地质事件发生的时间。采用的方法有沉积法、古生物法和海水含盐度法等。这些方法所得的结果和地球的实际年龄相差很大，因而不同学者得到的结果也不相同。目前较常见的比较准确的方法是放射性同位素法。以此方法求得地球上最大的岩石年龄约为45亿年，月球岩石年龄约为45亿～47亿年。地壳上不同时期的岩石和地层都可以在形成过程中进行排序。

为了了解地球漫长的历史，地质学家将过去分为不同的阶段。年代地层学的目的是根据它们的相对年代位置来划分岩石和化石的顺序。这些划分利用一种嵌套的时间单位等级来分类，每个时间单位分配一个名字，分别是宙（Eon）、代（Era）、纪（Period）、世（Epoch）和期（Age）。生物在这些不同的阶段之间进化，死亡之后，极少数形成化石并保留了下来。

地质年代的最大单位是宙，往下依次是代、纪、世、期。和宙、代、纪、世、期对应的地层单位是宇、界、系、统、阶。地层单位通常也分成国际性地层单位、全国性或大区域性地层单位和地方性地层单位。

国际性地层单位全世界通用，是根据生物演化阶段划分的。界、系、统就属于国际性地层单位。界包括一个代的时间内形成的地层；系是界的一部分，是由首次研究地区的古地名、古民族名或岩性等命名，如寒武系、奥陶系、石炭系和白垩系等；统代表一个世的时间内形成的地层。全国性或大区域性地层单位有阶、时、带，地方性地层单位包括群、组、段、层。

比如说，一种在中国辽西发现的长翅膀恐龙，生活的地质年代是“显生宙－中生代－白垩纪－早白垩世”，所在地层属于“显生宇－中生界－白垩系－下白垩统”。这里用“早、中、晚”来描述时间，用“下、中、上”来描述空间（地层顺序）。再往下，时间单位还可以细分到期、时，对应的地层单位称为阶、带，专业性较强，一般读者不常能碰到。

二、隐生宙和显生宙

根据化石记录可以了解生物演化的大概情况，是划分地质年代的基础。在寒武纪之前，更深、更早的地层就是“前寒武纪”地层。实际上，前寒武纪并不代表一个纪，而是指寒武纪以前的所有年代。

通常以约5.4亿年前的“生命大爆发”为界，一种分类法是把在此之前的那段漫长的时间称为隐生宙。这段时间就是本书中的冥古宙、太古宙和元古宙。虽然其所经历的时间占了地球历史的绝大部分，但留下的生物化石非常稀少。所以，人们用“隐生宙”来称呼这个时期，其意为生命隐藏的年代。

今天，我们仍然把前寒武纪定义为从地球诞生到寒武纪开始前（即显生宙开始前）的漫长历史时期。除了它的末期（埃迪卡拉纪），前寒武纪的大多数年代里可研究的东西太少，也谈不上什么代表性的地层，所以虽然也分为冥古宙、太古宙和元古宙，但其界限是人为划定的。冥古宙的本意就是指冥府般不可测的时期，那时候几乎没有生命，即使有，我们也不甚清楚。

此外，人们还曾定义过一个震旦纪，是元古宙末期到寒武纪开始之前的一个时段，震旦纪约 8 亿年前开始，是生命历史中承前启后的重要时期，名称源自古印度人对中国的称呼，意即“日出之地”。在新的地质年代表中，震旦纪原来指代的时期基本上由覆冰纪和埃迪卡拉纪代替，但笔者在本书中仍然使用了这个名称。

此后就是显生宙，显生宙开始于寒武纪，意指看得见生物的年代，距今约 5.4 亿年。显生宙包含古生代（Palaeozoic Era）、中生代和新生代，每个代又包含若干个纪。这些纪的名称常常让我们想起那些稀奇古怪的灭绝生物。从寒武纪开始，便出现了大量较高级的动物，它们已具有外壳和清晰的骨骼结构。

“寒武纪”（Cambrian Period）这个名称是英国地质学家塞奇威克（Sedgwick，1785—1873）在 1835 年命名的。当时，他在威尔士北部坎布里亚[①]（Cambria）地区发现了这一时期的地层。后来，塞奇威克就以“Cambria”命名了这一地质年代。

寒武纪是地球历史上的一个重要时期，是当时人们发现多细胞动物化石的最早时期。后来，人们逐渐发现了寒武纪以前的多细胞动物。例如，在现在澳大利亚南部发现了生活在 6 亿多年前埃迪卡拉纪的动物群。因此，寒武纪被重新理解为两侧对称动物首次出现的年代，这类原始动物的典型代表就是扁虫。这种虫子没有骨头，也没有硬壳，自然也就不会形成化石，但是它们住过的洞穴可以变成化石。

寒武纪的重要性还在于地球历史上的生命大爆发就发生在寒武纪，人们通常将其称为“寒武纪大爆发”。那是一个非常重要的事件。大爆发是指在很短时间内，生物种类突然丰富起来，呈爆炸式增长。地质意义上的很短时间，其实也有数百万年之久。它意味着，生物进化除了缓慢渐变，还可能以跳跃的方式进行。

从地质年代的命名中，我们不难体会，英国是早年地质学研究

① 日本借用汉字“寒武”的日文训读音与Cambr相近，中文名称源自旧时日本使用日语汉字音读的音译名。

的中心，特别是对古生代的研究。奥陶[1]纪（Ordovician Period）和志留[2]纪（Silurian Period）都是以英国威尔士地区的两个古代氏族部落曾居住过的地方命名的。泥盆纪（Devonian Period）直译过来就是“德文[3]纪”，代表地层发现于英国的德文郡。石炭纪（Carboniferous Period）命名源自英国的一套煤炭地层。二叠纪的直译是“彼尔姆纪”，地层发现于俄罗斯乌拉尔山区的彼尔姆城，二叠纪是中国按地层特点所做的意译。

三、地质演化背景下的生命

在古生代，蕨类植物、鱼类、两栖类动物走向繁荣。在中生代，爬行类动物走到了前场，恐龙既是它们的代表，也是这个家族最重要的成员；在植物界，则主要是裸子植物时代。中生代包括三叠纪、侏罗纪和白垩纪。三叠纪得名于德国西南部的三套地层，侏罗纪得名于瑞士和德国交界处的侏罗山，白垩纪则得名于英吉利海峡西侧由白垩土形成的白色断壁。

在距今约6600万年前，恐龙从“生命的高原”上消逝，这也是中生代结束和新生代开始的界线。原先生存在恐龙阴影下的哺乳动物在新生代开始兴盛，迎来了新一轮的繁荣。

新生代包括古近纪、新近纪和第四纪，共分为七个世，即古新世、始新世、渐新世、中新世、上新世、更新世和全新世。在动物界，新生代主要是哺乳动物时代；在植物界，新生代主要是被子植物时代。到了新生代第四纪，人类脱颖而出，迎来了自己的时代。

---

① 日本借用汉字“奥陶”的日文训读音与Ordovic相近。

② 日本借用汉字“志留”的日文训读音与Silur相近。

③ 日本借用汉字“泥盆”的日文训读音与Devon相近。

第二章

前寒武纪时期的地球——我们的家园原来是这样的

地球的由来是一个古老的命题。在中国，有盘古开天辟地的神话传说，那个故事很振奋人心。基督教《圣经》中的“创世说”也很振奋人心。

在本章中，笔者要讲的是地球演化的科学故事，是在科学的框架下展开的。

一、地球的起源

在进入正题之前，我们先简单介绍一下地球的起源。今天，我们已经能依靠尖端技术和现代仪器在遥远的宇宙空间找到很多涡状星云，这些天空中灿烂辉煌的涡状星云看起来在围绕着一个中心旋转。

由此推测，太阳及其所属行星在50多亿年前大概就是照此类方式旋转的一个旋涡状天体，它是一团释放着巨大光芒和热力的物质云。在走过了漫漫长夜之后，经过了一次又一次的凝结，直到40多亿年前，太阳系的轮廓才初步形成。

地球起源于46亿年前的原始太阳星云。

那时候，地球开始从伴随着它的激烈创生而遭受的天体撞击中解脱出来。经过无数次的集聚、碰撞和挤压，地球内部变热，同时放射性物质的衰变使地球内部进一步升温。当温度上升到铁的熔点时，大量融化的铁向地心沉降，并以热的方式释放重力能，释放出的能量相当于1000多次百万吨级的核爆炸。大量的热使地球内部普遍融化且结构发生改变，逐步形成了地球的分层结构，其中心是致密的铁核，熔点低的较轻物质则浮在表面，经过冷却形成地壳。

地球从原始物质集结成球状到开始生成一个坚硬的地壳，这段时间是它的天文时期。从地壳形成开始，到出现原始的大陆、海洋、大气圈，再到生物出现、形成现代的海陆和生物，这段时间是地球的地质时代。

地球的起源

二、地球的早期形态

那是一个原始火滋生蔓延的时代。在这样的环境中，一切都在燃烧着，一切都在熔化着，一切都处于最初的形成阶段。地球和它现在的卫星——月亮都在熊熊烈火中演化着，把原始的美丽景观、运动中力的曲线造型和创生万物的潜能汇聚在一处。

如果我们能回到无限遥远的过去，看一看那时地球的图景，我们对一些古老习语的认知肯定要深刻得多。那是一个十分壮阔和激动人心的存在，原始的火宣泄着无穷的威力，创造着无限的激情，使大地岩层一片片地剥开、熔融，再重新汇聚，红黄色的岩浆沿着深沟低壑向前流动着。

在剧烈的火山活动的阵痛中，年轻的地球留下了一个个炙热的喷发着浓云与烟尘的火山口。水从深深的裂谷漏入地球的熔岩，然后又迸发升腾而起，高压、灼热，以及裹携着从沸腾的岩浆中冒出的尘埃和水蒸气，充满天空。

今天，美国的黄石国家公园、意大利西西里岛的硫质喷气孔、冰岛的海克拉火山地区、日本富士山的侧翼、新西兰的罗托鲁阿温泉的地质构造及印度尼西亚苏门答腊岛的火山活动提醒我们，那时地球的景观是多么壮烈。

那是一个烟雾弥漫的时代，是一个热流涌动的时代，是一个惊心动魄的时代。大量的水蒸气混杂在和着宇宙尘埃的浓云密雾中，从一个地方游荡到另一个地方。在大气层底，熔融的岩浆一浪一浪地挤过，在它走过的地方留下了地球历史最早的印记。

后来，地球上的温度慢慢地降下来了，一些熔融的岩浆已经凝固成七零八碎的岩石，它们互相漂浮着、撞击着，不断地凝聚，使地球表面形成了一层又一层的沉积岩。地球上最古老的沉积岩有 40 多亿年的历史，这也意味着当时地球凝聚了几亿年后才形成了坚硬的地壳。

今天的地球上，很少有这时期的岩石保存下来，科学家只能对其进行粗略的划分，所得到的就是一个大致的轮廓。地质学家从格陵兰西部、加拿大西北部和澳大利亚西部找到了某些冥古宙的岩石。已知的最早岩石的结构带在格陵兰，叫作依苏阿绿岩带，约有 38 亿年的历史，主要由火山岩脉组成。有 44 亿年历史的锆石结晶零散地沉积在加拿大西部和澳大利亚西部的沉积物里，这一时间非常接近地球形成的推测时间。

我们从那些具有灰褐色光泽的古代岩石上只能偶尔辨认出模糊不清的潮汐侵蚀和暴雨冲刷后留下的痕迹。它们经历了地球历史上一个极其漫长的时期，那时只有岩石圈和水圈，没有任何生命的迹象。

三、冥古宙——“黑暗时代”

从地球形成开始，到距今 40 亿年前的这段地质历史时期称为冥古宙（Hadean Eon），冥古宙是最早的一个地质年代，冥古宙就是所谓的“黑暗时代”。冥古宙包括四个代，分别是隐生代、原生代、酒神代和雨海代。

46 亿～ 40 亿年前的这段时期正是地球的形成时期。地球形成初期没有任何生命，也没有水和土壤，整个地球表面均为裸露的熔融岩浆。也有科学家把地球的这段时期叫做天文时期、前地质时期、前太古代或原太古代。这一时期是地球的原始地壳、原始陆壳及原始生命的形成和出现时期。

1. 冥古宙早期，地球内部活动和天体碰撞事件频繁

冥古宙是地球的天文演化阶段，其间经历了无数次的陨石撞击，同时火山活动也非常活跃。这时期的地球就像一个巨大的岩浆体，火山爆发频繁，地球上到处都是奔腾的岩浆。

冥古宙原本是指已知最早岩石之前的地质时期。在整个冥古宙，地球从炽热的岩浆球逐渐冷却固化，科学家通过模拟计算表明，这个过程需要约 1 亿年的时间。

41 亿～40 亿年期间，地球持续遭到了大量小行星与彗星的撞击，月球也经历了早期天外来客的频繁撞击。月球面对地球一面的大部分大型盆地都是该时期撞击形成的，这些撞击坑或盆地有危海、宁静海、晴朗海、肥沃海和风暴海等。

冥古宙初期，剧烈的天体碰撞事件使得有机分子无法稳定存在，更谈不上生命的诞生，但这为后来生命的起源提供了必要的物质基础。

早期地球的质量比今天要小，引力可能也小一些。水分子能够挣脱重力作用而运动到更高的地方。大气层中的氢气和氦气在持续不断的运动中就更容易逸散。今天，大气中的氢气和氦气相对缺乏（但在整个宇宙中，这两种元素是最常见的）就很好地启发我们，在早期的大气层中可能发生了气体逃逸事件。

冥古宙期间，大气层里只含有少量氧气，臭氧也非常少，更不要说形成臭氧层（ozone layer）了。在那样的条件下，地球表面的紫外线辐射非常强烈。

冥古宙中后期，天体碰撞事件大幅减少，地球也逐渐冷却下来，积聚在地球内部的水蒸气在高温和巨大压力下逐渐上升。

2. 冥古宙晚期，一场雨可能持续几百天甚至更长时间

这一时期，地球在向一种温和的环境演变。天空中的空气显得有点儿阴冷，地球上空的大气由于温度降低而凝聚成巨大的云团，那里含有极丰富的水蒸气。大气层非常厚密和沉重。直到有一天，地球历史上的第一滴雨降落在灼热的岩石上。那场大雨连续不断地下了足足

几百天，其间夹杂着无数道闪电。

在此后漫长的岁月中，水的凝聚下降和蒸发成了物质自然对流的主要方式。那个时代的地球仍然十分炎热，根本没有季节的变化，但是水已经可以以液态的形式存在于地表了。更多的水仍以蒸汽形式存在于湿润的空气中。

那个时候，一场雨很有可能会持续几百天甚至更长的时间，几乎天天都在下雨，偶尔会见到朦胧面纱背后的太阳。那时候的太阳光线极为刺眼，像一个近在咫尺的火炉，热浪扑面。雨下得频繁，水蒸发得也快。

那些已经成型的巨大岩石间有不断涌动的热流。巨大的山洪每时每刻都在冲击着赤裸的大地，在空旷的深沟低壑间荡来荡去，把类似于“呯－呯，哐－哐”的声音传向很远的地方，然后是一个短暂的停顿和寂静。

那大约是地球历史上第一次大洪水，是成语“百川归海”最真实、最形象的写照。这些最初的水形成了原始的湖泊和沼泽，在石雕般的大地上寻找着它们最佳的寄身之处。这样的横流和漫漶把大地表面无数的碎石和沉淀物挟带到任何一个可以抵达的地方。

那时候不会有灾难之说，因为灾难是相对于生命而言的，那时还没有任何生命的影子，所以洪水不会带来灾难。

当时的自然景观可能是这样的：大地上到处都是熔岩，奇形怪状的岩石构成了远古地球的肌体，没有泥土，没有任何生命的迹象。刮不完的狂风伴随着持续不断的暴雨，这些倾盆而下的暴雨一落到地面即变成横泻的水流，这些水流带着岩石的碎屑奔腾着、咆哮着，它们冲出山谷，注入深沟。穿过云层，是一轮巨大的太阳在天空中不紧不慢地“行走”着。同时，地球内部的能量使地壳在不断地运动着，地震造成的岩体断裂、板块构造变化造成的地脊隆起和峡谷加深等地质作用无时无刻不在改变着地球的形貌。

那个时候，地球上除了水和岩石，没有任何生命迹象。

那场雨结束后，地球上出现了原始的海洋、大气与陆地。当然，地球上的水也可能是天外来客，是彗星和地球相撞时带给它的副产品，这至少是地球上水之由来的重要线索。

3. 后来，出现了生命演化的迹象

冥古宙末期可能出现了小规模的水圈。水圈的出现为生命的早期演化提供了条件。在冥古宙结束前，生命演化很可能就已经开始了。

当时，大气圈中含有大量的二氧化碳，地球被含有大量二氧化碳的巨厚云层封锁，海洋中局部区域的温度高达150摄氏度。在沸腾的海洋里，孕育生命的各种元素在不断积累。

在这样的地质环境和大气条件下，碳、氢、氧、氮等元素被不断地诱导、激发和催化，逐渐形成了一些有机小分子，包括简单的氨基酸分子。有机分子的大量合成使生命起源成为可能。

它们为低级生命的出现做了最基础的准备。在冥古宙后期，生命起源的步伐开始，地质学家通过对最古老沉积岩中特殊的碳同位素的研究，发现了生命的迹象。

隐生代（Cryptozoic Era）是冥古宙的第一代。那时候的地球和月球正处于形成初期。隐生代特指地球和月球形成初期地质演化的一个时期。

隐生代之所以很隐秘，是因为留存至今的地质资料非常少。大多数地形和岩石大概在碰撞初期就已经被摧毁，或由于板块移动的持续影响而消失。想象中形成月球的大碰撞也发生在这一时期，所以隐生代时的矿石是世界上最古老的。

原生代（Proterozoic Era）是冥古宙的第二代。根据地球化学研究提供的证据，我们有理由相信，尽管原生代中期氧含量有一定上升，但局部水域基本保持缺氧和多硫的状态，对很多生命形式而言，这种状态并不适合。

地球经历了隐生代的漫长时期，到原生代，诞生了初期生命。演化经过了三个阶段：①生命从无机小分子物质进化成为有机小分子物质；②从有机小分子物质生成生物大分子物质；③从生物大分子物质组成多分子体系。进入第四个阶段，似乎出现了最早的有机生命——原核生物（细菌），原生代由此而得名。

科学家们在澳大利亚北部发现了海盆沉积岩的分子化石。分子化石揭示了当时的情况，为了解那个时期的海洋生态系统提供了线索。我们把这些分子化石叫做碳氢化合物的生物标记物。

这些生物标记物记录了一个缺氧和多硫的世界。作为一个整体，这些生物标记物提供了关于原生代海洋状况的生物学证据，即那时海洋中的氧含量远远低于今天。在这样的环境下，硫化物遍布水中。在原生代中期的沉积物中，丰富的黄铁矿和稳定的硫黄同位素使得硫酸盐含量比现在还高。

在原生代中晚期，生物学上重要的金属（如铁和钼）持续不断地形成不能溶解的硫化物，从海水中析出。对含硫化合物而言，深海缺氧是一方面，海洋中有限的“生产力”是另一方面。风化作用加速了硫酸盐的形成，导致海水中含硫化合物的减少。

在酒神代（Bacchus Generation），月球上出现了酒神海及其他撞击事件所形成的主要盆地。从酒神海里被撞击出来的物质形成了月球高地陨石坑地层的上层部分。这一时期，地球上出现了古细菌。

雨海代（Imbrium Generation）是冥古宙的最后一个代。早雨海代对应着月球地质年代中的早雨海世。月球的东海撞击事件是早雨海世结束的标志，这也是内太阳系后期重轰击期结束的标志。

在雨海代，内太阳系大撞击在此之前刚刚发生过，结果形成了月球的雨海。另外，面对着地球的月球那一面上，其他的大盆地，如危海、宁静海、晴朗海、肥沃海和风暴海等，也都在这一时期形成。撞击之后，地球上留下了大量的玄武岩层。撞击事件对地球和月球后来的面貌产生了深远的影响。

四、太古宙——最早的岩石

太古宙（Archean Eon）开始于40亿年前，结束于25亿年前。太古宙持续了15亿年，占地球历史的1/4略强。太古宙包括始太古代、古太古代、中太古代和新太古代。

1. 太古宙的地质结构及矿产

在地质发展史上，太古宙是地球演化史中具有明确地质记录的最初阶段。因为年代过于久远，当时保存下来的地质记录七零八落，很难对太古宙进行精确的推测。

太古宙时期，地热梯度陡、火山喷发频繁、岩浆活动强烈。因此，这时期的岩层普遍遭受变形与变质。当时的大气圈与水圈都缺少自由氧，地层沉积过程相对比较特殊。这一时期，以硅铝质为主的地壳开始形成并不断增长。

一些太古宙岩石的分布包括：变质较深的麻粒岩-片麻岩区，也称为高级变质区；以绿岩带为代表的低级变质区。

麻粒岩-片麻岩区的岩相大多属于麻粒岩相到高级角闪岩相。主要岩石为含少量黑云母、角闪石、紫苏辉石或透辉石等暗色矿物的长英质片麻岩，化学成分相当于花岗闪长岩或云英闪长岩，其原岩性质、火山沉积等仍存争论。

在岩石的构造和成分方面，一部分岩石含有铝硅酸盐矿物，这种矿物主要由泥质-半泥质原岩变质而成；另有一些辉石麻粒岩和角闪岩，成分大多相当于基性火山岩；浅色长英片麻岩主要相当于酸性火成岩成分；斜长岩则一般属于层状侵入体。

包含这类岩石的地区构造较复杂，往往存在多期构造叠加，并受到一次以上程度不同的混合岩化作用叠加。典型地区有北大西洋陆核、西伯利亚东部的阿尔丹地盾和非洲南部林波波带等地。

绿岩多属于低级角闪岩相到绿片岩相。在不少地方主要由三部分岩层组成：下部由超镁铁-镁铁质熔岩组成，部分或主要为科马提岩；中部为钙碱系列的基性岩到酸性火山岩；上部由沉积的浊积岩及化学沉积的条带状含铁层和燧石等组成。

绿岩带多为向斜构造，可被花岗岩侵入。典型地区有南非巴伯顿山区和津巴布韦，此外还有加拿大地盾、西澳大利亚的一些地区和芬兰东部等地。而印度南部的达瓦系绿岩带由北向南变质程度递增，可达麻粒岩相。

在太古宙时期，火山喷发的壮观景象随处可见。海底火山喷发的堆积物形成了火山岛，颜色多变的海洋中散布着孤岛，它们分布在环太平洋地区，如阿留申群岛和夏威夷群岛就是著名的火山群岛。

火山岛按属性可分为两种，一种是大洋火山岛，一种是大陆架或大陆坡火山岛。火山岩是火山爆发后形成的多孔型岩石，其中有玄武岩。火山岩的表面布满了均匀的气孔，具有抗风化、耐高温、吸水和不褪色等特点。

太古宙的地层多由变质岩组成，中国太古宙地层主要分布在北方，处于东经105°以东，北纬31°～43°，基本上为华北地台基底出露区。

太古宙变质岩石主要由属于角闪岩相的黑云斜长片麻岩、角闪斜长片麻岩、黑云变粒岩和斜长角闪岩等组成。其北自宁夏贺兰山以北、吉兰泰，经内蒙古阴山附近、河北燕山，东到辽东和吉林南部，有麻粒岩相岩石（包括辉石麻粒岩、黑云辉石斜长片麻岩等）分布。

太古宙的岩石还程度不同地出现了一些镁质大理岩、云母片岩、长石石英岩、条带状石英磁铁矿层、石墨片麻岩和石墨片岩等变质的沉积岩夹层。这些夹层可分别反映不同地区的原始沉积条件和沉积环境的某些差别。

这些岩层大都经过一次以上的混合岩化作用和构造变形的叠加。在同一地区内，其区域变质作用往往表现为变质程度高的地层比变质程度低的地层要老。

原始地壳薄而活跃，与上地幔非常接近，且硅铝层和硅镁层并未完全分离。硅铝层也叫花岗岩层，是莫霍面①以上的一个次一级不连续面。其化学成分和花岗岩近似，以氧、硅、铝为主，钠、钾也比较多。硅镁层也叫玄武岩层，是一个连续圈层，主要包含玄武岩和辉长岩类，化学组成与玄武岩相近，以氧、硅、铝为主，但比硅铝层少一些，而镁、铁、钙含量相应增多。

太古宙是一个重要的成矿期，形成的矿产很丰富，主要有铁、金、镍、铬、铜、锌、稀有元素和一些非金属矿产等。麻粒岩-片麻岩

① 莫霍面是地壳同地幔间的分界面。

区的矿产主要有铁矿和非金属矿床，少量的铬、镍矿床等。在绿岩带中，矿产尤为丰富，其中铬、镍等主要储存于下部的超镁铁岩流和侵入岩中，金、银、铜和锌储存在中部的镁铁质和长英质火山岩之间，条带状铁矿床等沉积在上部沉积岩中，与花岗岩相伴的伟晶岩中含有相对丰富的稀有元素。

2. 太古宙的地质演化

国际地质科学联合会所属国际地层委员会将地质时期中距今40亿～36亿年前的这一时段划归始太古代（Eoarchean Era）。始太古代期间形成的地层称为始太古界（Eoarchaean Erathem）。

一般认为，最原始的地壳形成于距今46亿年左右。从45亿年前开始，在地球的原始地壳上开始逐步形成水。大约到40亿年前，原始的水圈可能已具雏形，同时出现了最早的地层沉积，逐步形成地壳的沉积圈。

但至今保留下来的始太古代沉积物只在少数古陆核发现，那些闪着褐色光芒的片麻岩和沉积变质表壳岩记录了始太古代沉积作用、岩浆活动、构造运动及变质作用的某些细节。

在始太古代，原核生物细菌和古菌进一步进化，到太古宙的下一个时期——古太古代，地球上出现了蓝绿藻。

古太古代（Paleoarchean Era）是太古宙的第二个代，时间在36亿～32亿年前。古太古代出现了第一批蓝绿藻，这时期也是生命形成化石的最古老年代。

古太古代形成的地层称为古太古界（Paleoarchean Erathem）。当时的岩石主要是陆源碎屑沉积岩和火山沉积岩，随后又遭受了角闪岩相为主的变质作用和强烈构造变形，以及花岗岩和闪长岩的侵入。

在古太古代早期，原始水圈的水量不多，地质学家发现当时的沉积岩只是个别现象。在这种少水、空气成分又不利于生物生存的环境中，生物的稀缺就是自然现象。所以，在古太古代的早期地层中，至今尚未找到较清楚的生物化石遗迹。

当时，地层活动频繁，岩层沉积与剥蚀频繁。一些地方处在下降和上升交替运动中；一些地方深处大海之中；一些地方经受区域变质、混合岩化和花岗岩化作用，产生褶皱和断裂；一些地方的地层快速沉积。

到古太古代中期，沉积岩的数量与分布范围均有所扩大。这说明，当时的水圈分布已经比较广泛。到古太古代晚期，火山运动大大减弱，沉积环境渐趋于稳定。

在原始地球的冥古宙时期，特别是冥古宙后期，细菌和由它们进化来的后代古菌，经过了太古宙的第一个时期——始太古代，在近10亿年的生物进化之路上，终于产生了最早的植物类种——一种叫做蓝绿藻的原核生物。

蓝绿藻出现的重大意义就在于，地球上第一次出现了能够自主进行光合作用的生命。这对地球生态系统的改善至关重要，使其向着适应更多生物生存的方向发展。众所周知，光合作用的结果就是为地球带来了大量的氧气。

中太古代（Mesoarchean Era）距今32亿～28亿年前。中太古代形成的地层称为中太古界（Mesoarchean Erathem）。在中国，中太古界主要分布在华北地台、阴山地区、辽北至延吉的龙岗群及山东的沂水岩群等。它们大都经历了早期沉积、火山沉积及以后角闪岩相到麻粒岩相的变质作用，同时也经受了强烈的构造变形及花岗岩的侵入。

中太古代的原核生物主要包括细菌、古菌和蓝绿藻，它们的繁衍和发展为生物的进化做着量的积累和准备。

新太古代（Neoarchean Era）的地质年代在28亿～25亿年前。在新太古代早期，地球上出现了自形成以来的第一次大冰期。大冰期一直延续到了元古宙。

学术界有一种说法，叫做“冰川是气候的产物”。然而，气候变化是地球系统的变化在大气圈中的反映。气候主要受地圈影响。地圈包括地壳、地幔和地核。地圈占地球系统总质量的99.9%。

冰川与气候关系密切，且同时受地圈变化制约，所以冰川和气候都是地圈变化的产物。地圈变化又受宇宙因素的制约，特别是受银河系诸多因素的制约。

新太古代大冰期成因的说法有很多版本。其中流行最广的一种观点认为其可能与太阳系在银河系的运行周期有关。有的学者认为，当太阳运行到近银心点区段时，它的宇宙光点减弱，使得作为行星的地球变冷而形成大冰期。也有的学者认为，银河系中的物质分布不均，当太阳通过星际物质密度较大的地段时，太阳的辐射能量有所降低，从而形成了地球上的大冰期。

地质学和古气候学研究发现，大冰期总是与造山运动相伴随。从能量转化的角度看，当地势平坦时，大气的热机效率相对较低，极地与赤道的温差较小，一般不会形成大冰期。当造山运动使地势变得不平坦时，大气“热机效率”的明显提高使得极地的温度大大降低，大冰期就会来临。离我们最近的第四纪大冰期就与青藏高原的隆升紧密相伴。

众所周知，地球与宇宙之间除了引力的相互作用外，还有光、热和磁的相互作用。光和热首先作用于地球表层。磁首先作用于地球外核，因为地球外核是磁流体。

造山运动和地壳运动会影响地磁的方向和强度，地球磁场与太阳磁场甚至银河系的磁场相互作用时会有能量的传输，这很有可能会影响地球上的气候变化。比如说，冰期的交替出现和冰川运动。

3. 太古宙的原始大气圈

太古宙原始大气圈的密度较大，主要由水蒸气、二氧化碳、硫化氢、氨气、甲烷、氯化氢和氟化氢等成分组成，缺少氧气。这些气体成分可能来源于频繁的火山活动。

大气成分变化的总趋势是随着时间的推移，二氧化碳在减少。这主要是由于空气中的二氧化碳随着碳酸盐的沉淀而被固定在碳酸盐的沉积物中了。

各地沉积岩层的相似性说明，当时地球大部分地区被海洋覆盖。原始的海洋可能并不深，但富含氯化物而缺乏硫酸盐，这是由于在原始的水圈中缺乏自由氧。

氧出现主要是由于光合作用。随着时间推移，大气圈的透光性增强，为低级生物的光合作用提供了有利条件。从化石记录看，太古宙晚期出现了大量的菌类和低等蓝绿藻。如果以 35 亿年前为太古宙中期上下界限的话，那么，在中太古代已经有低等的蓝绿藻和叠层石的存在了。

4. 太古宙的生命——有限概率的可能性

当时，地球上的岩石圈、水圈和大气圈已经形成，但地壳极薄，岩浆活动频繁而强烈，火山爆发和地震是遍布地球各处的一大景观。当时大气中的氧气极少，主要气体是二氧化碳、一氧化碳、甲烷和氮气等。海洋中可能有了最原始的生命，如各种单细胞和多细胞的菌类、藻类。

许多古老岩石在很久以前就已经存在了。在格陵兰岛就有存在了 38 亿年的古老岩石，但要给这些古老岩石中最早出现的生命迹象确定年代并非易事。

目前已有证据表明，至少在 28 亿年前，地球上就有某种微生物存在。这是一个比较保守的估计。目前已有相当多的证据表明，35 亿年前地球上就有生命存在，多数专家都这么认为。更有一些人认为，地球上生命出现的时间比这还要早，可追溯到 38 亿年以前。

在所有这些证据中，最直接的证据包括两个方面：①在许多古老岩石，包括已存在 35 亿年之久的澳大利亚岩石中，都存在非常奇特的大型结构物，这种结构物与大量微生物形成的叠层岩极相似；②在古老岩石中还发现，有些东西看上去像是由微生物本身形成的化石。

生命初始，地球环境的真实面貌是一个需要破解的艰涩难题，最有力的证据和答案来自格陵兰岛岩石。格陵兰岛岩石已存在 38 亿年之久，这个年代正好落在生命起源的时间段内。通过分析岩石，我们得到的结果是，当时的环境与现在的情况并没有截然不同。

格陵兰岛岩石中含有碳酸盐。由此也可以推测，当时地球的大气层中含有二氧化碳。此外，这种岩石中还有含铁的沉积物，这种沉积物通常只有当空气中没有游离氧或游离氧极少时方能形成。还有，早期的大气中含有氮。像现在一样，氮也是当时大气中的主要成分，这是一种普遍性的推论。

假如宇宙在时间和空间上都是无限的，那么任何有限概率的事件都会发生，而且会发生无数次。按照这个推理，地球上最早的有机物的出现很可能是一种偶然现象。除了地球以外，宇宙中其他地方尚未发现生命，这是支撑这种看法的有力证据。

现在比较一致的说法是，地球约在39亿年前形成了最初的地壳；35亿年前，大气圈、水圈开始形成；33亿年前，形成了最古老的沉积岩；31亿年前，出现了藻类和细菌；29亿年前，出现了蓝绿藻，从而形成了叠层石。

到了距今30亿～25亿年的太古宙晚期，水圈又有所扩大，氧气开始增多；在距今27亿年的地层中发现了原始藻类化石。

自然力量的悄然侵蚀会爆发出无穷的创造潜能，能使最复杂的物质在不太漫长的时间内创造出来。冥古宙和太古宙持续了20多亿年，在这一漫长得近乎凝固的时间内，生命从无到有应该是一个必然的结果。

从生命角度看，太古宙是原始生命出现及生物演化的初级阶段，当时只有数量不多的原核生物，如细菌和低等蓝绿藻。在那时候的岩石中，发现了一些化学物质遗迹，这些化学物质是一些类似今天细菌的单细胞微型有机生物体留下的。

当时的化石很难保存下来。主要的岩石有片麻岩、片岩和变质火山岩。从那些闪着灰绿色或淡褐色光泽的岩石中可约略猜出那个时代陆地上发生的变化，但那是极其模糊的。

虽然有原核生物出现，但当时的岩石在漫长的时期经过了深度变质，因此保留下来的可靠化石记录非常罕见，而且那样的化石也不是常人能够辨别出来的。

在太古宙这段时间内，藻类通过光合作用放出游离氧，大气层中的氧气因此而增加，当时有一种属于厌氧性的铁细菌繁殖得很快，它们几乎是以几何级数速度繁殖的。铁细菌在水中经过化学反应，可以分泌出不溶性的铁质和硅质，在体外构成一层比自身大几倍甚至几十倍的“铁质皮鞘”。这些不断繁殖又死去的铁细菌一层层地沉积起来，就形成了铁矿石。

今天，地球上储量很大的铁矿石就是这么形成的。铁细菌厌氧，当时大气中氧的含量不多，最适合铁细菌的繁殖，因而生活在水中的铁细菌就在海洋中造铁了。它们有惊人的造铁速度。据估计，全世界铁矿石总储量的一半以上是那个时期生成的。

五、元古宙——岩石圈的形成

元古宙（Proterozoic Eon）的同位素年龄在25亿～5.4亿年前，期间经历了19. 6亿年，可谓历史悠久。元古宙包括三个代：古元古代（25亿～16亿年前）、中元古代（16亿～10亿年前）和新元古代（10亿～5. 4亿年前）。

在中国，人们也把新元古代的后半段（8亿～5.4亿年前）称为震旦纪（Sinian Period），其中包括埃迪卡拉纪。震旦是古印度人对中国的称呼，古印度人把中国叫做“Cinisthana”，这个词在佛经中被翻译成“震旦”。目前，印度的地质教科书中仍然这么叫。

1. 元古宙的地质运动、沉积岩及矿产

太古宙晚期的构造运动使地球上出现了小规模的稳定核心，称为陆核，这是陆壳构造发展的第一阶段。元古宙的构造运动使陆核进一步扩大，形成规模较大的稳定地区，称为原地台，在原地台上开始沉积了类似盖层的沉积类型。

与太古宙相比，元古宙的岩石变质程度较浅，还有一部分未经变质的沉积岩，主要有板岩、大理岩、白云岩、石灰岩、页岩、砂岩和千枚岩等。中国的元古宙地层类型复杂，各地发育程度相差较大。华北地台的中元古代地层和新元古代地层属于稳定类型的盖层沉积，其余为活动类型沉积。新元古代地层上部的红色碎屑堆积广泛分布于中

国的南方。

由于沉积、喷发、侵入、挤压、褶皱、变质和固结等作用反复进行，陆壳某些部分更趋稳定，到中元古代晚期，原地台进一步扩大，世界上出现了若干大规模稳定的古地台。由陆核到原地台和古地台，是陆壳构造发展的第二个阶段。

在元古宙之前，古陆核面积仍然很小，且彼此之间互不连接，像海洋中孤立的岛屿。它们虽然开始处于稳定的地壳环境中，但构成海洋的其他地壳却活动频繁。

距今20亿年前后，出现了一次遍及全球的造山运动。随着比较大面积的稳定区开始形成，地壳上强烈的火山运动也暂告一段落。

18亿年前，地球的火山运动又变得频繁，大陆地壳因地质活动而不断加厚，开始发育成有盖沉积层。这期间，地球上广泛分布着浅变质的板岩、千枚岩和大理岩。随着盖层的持续加厚，火山活动开始减弱。

在距今14亿～8亿年的这段时间里，世界各地在不同时段内发生过一些规模不同的地壳运动，随后趋向稳定。至此，自地球形成以来的强烈地壳运动有所减弱。

中元古代和新元古代时期，地幔的热扩张运动使其产生顶托与拉张作用，大陆地壳不断增厚，地壳运动以板块方式进行，发生分裂、漂移和拼接等现象。太古宙的陆核经过造山运动后明显扩大，有些还相互连接起来。

在元古宙末期，地球已经形成了比较稳定的岩石圈。通俗地说，岩石圈是地球的表层，特点是薄而坚硬。岩石圈在软流圈之上，包含部分上部地幔和地壳，地壳浮在地幔之上，由莫霍面作为分界。

根据板块构造学说，岩石圈并非一块整体，而是由许多板块组成的。相对于其下的软流圈，岩石圈属于更刚性和脆性的部分。因此，岩体仍然有足够的强度来累积能量，不至于频繁发生地震。在不同的地方，岩石圈的厚度也不尽相同。一般来说，大陆地壳的岩石圈厚度大于海洋地壳的岩石圈厚度。

从岩石性质看，古元古代地层往往和新太古代地层具有共性，多属于活动类型沉积和浊流沉积变质而成的绿岩系，同时和新太古代地层一样，常含有规模巨大的铁矿床，以低价铁为主，反映了当时大气和水体的缺氧状态。

古元古代地层和新太古代地层共同构成地台的基底。到了中元古代和新元古代，出现了稳定的地台浅海。由于真核及藻类生物繁盛，大气及水体中含氧量增加，高价铁质岩层和碳酸盐岩层沉积出现，形成地台盖层。

元古宙经历了漫长的时间，地层沉积的厚度很大，所以地层中含有比较丰富的矿产。元古宙是重要的成矿期，形成的矿石主要有铁矿、锰矿、金矿、铀矿、铜矿、硼矿、磷矿和菱镁矿等。

岩盐也在这一时期形成。岩盐主要是由石盐组成的岩石，它们是由盐水在封闭的盆地中蒸发而形成的盐矿床，因此岩盐也被称为卤化物矿物。一般情况下，石盐矿层的厚度从几米到二三百米不等。在干旱地区，岩盐以盐霜的形式出现；在盐泉附近，岩盐以蒸发产物的形式出现；在火山地区，岩盐以升华物的形式出现。

2. 元古宙的自然环境

古元古代的大气圈基本上还保持着火山大气的特点，只是由于藻类的出现，植物的光合作用有所加强，还原性大气的成分在不断减少。

进入中元古代，大气圈、水圈和生物圈都发生了明显变化，大气中的氧含量增加，大气成分的改变有利于生命的演化和生命演化方向的选择。

到了新元古代，火山作用明显减弱，大气中的含氧量有了较多积累。在距今 7 亿～ 6 亿年前的这段时间里，生物突然繁荣，门类与数量都达到空前的程度。

震旦纪时，地球上出现了一次大冰期，称为震旦纪大冰期，其影响几乎遍布全球。当时，地球上到处都是茫茫雪原和林立的冰山，这种壮观的景象远不是今天的雪域高原所能比的，大概只有格陵兰和南极洲的自然景观可以给我们一些启发。那时的冰层厚度平均达几百米，有些地方甚至厚达几千米。那是一个冰和雪装点的冷色世界。

震旦纪大冰期前后持续了 1 亿多年。在那段寂寞而且冷酷的日子里，地球看起来像一颗会转动的水晶，在太阳的光影下不断放射出艳丽的蓝光。生命进化的步履又变得非常缓慢，一些刚刚演化出具有记忆、复制功能和生命特征的原始动植物又面临着灭绝的危险。

这是一个“世界性”的冰川时期，冰川分布面积很广。有趣的是，在冰川沉积层中也见到有非冰川的、属于温暖气候下的沉积物。可见，这时已有冰期与间冰期的变化。

有证据表明，在这一时期，温暖时期和寒冷时期交替存在于全世界。有些地区有冰川，有些地区没有冰川，可用冰川造成的不同事件来确定冰期的顺序。例如，在冰期，由于海洋中大量的水变成了陆地沉积的冰，海平面降低，那时形成的海滩后来已被茫茫的水面占据。在间冰期，由于结成冰的水又回流到海洋，其结果是造成海平面升高。基于这样的考虑，就可以找到海滩的移动与地球冰期的形成或消失之间的关系。

研究河床阶地可以达到同样的目的。当冰期海平面降低时，河水流速加快，切割加深；当间冰期海平面升高时，河水流速缓慢，河水不是下切而是形成宽阔的阶地。冰川的生长、削蚀及形貌也与此有关。

当时的地球变得像冰球一般晶莹。但在赤道附近，还有一条水域未被冰封，相对开阔的水面使原始的海洋生物得以逃过封冻的厄运而生存下来。但在地球上的其他地方，就很难有生物可以存活了。对原始地球上的生命来说，这是一场真正的危机。

1992 年，美国地质学家约瑟夫·可西文克博士首先提出了“地球雪球”的假说，但当时并未引起学术界和公众的普遍关注。1998 年，美国科学院院士、哈佛大学地质系教授鲍尔·霍夫曼对该假说进行了系统阐述，并提供了更多的证据。他的研究结果发表在著名学

术期刊 *Science* 上，引起了国际学术界和新闻媒体的广泛关注。

这个假说并非空穴来风，而是有许多客观事实证据的。

第一，地球在距今8亿～6亿年广泛发育了一层或多层冰川沉积，称为“冰碛岩”。最著名的一次冰期发生在距今6亿年左右，现今很多大陆上都留下了可靠的记录，地质学上称之为瓦伦格冰期。

当然，不是现今地球上所有区域都能找到该冰期的沉积。因为在距今8亿～6亿年，一些地方处于冰川剥蚀区，并没有沉积；另一些地方远离剥蚀区，没有沉积出具有明显冰川痕迹的岩石；最后一点也许更加重要，即有些冰碛岩经历了再剥蚀，同样也不能保留下来。尽管如此，在很多距今8亿～6亿年的地层中，都能找到同期的冰川沉积。很显然，当时的寒冷气候是一个全球性事件。

第二，在10亿～8亿年前，地球的构造运动异常活跃，并发生了一次全球性的造山运动，地质学上称之为“格林威尔造山运动”（Grenville Orogeny），在中国称之为“四堡运动”。

“雪球假说”认为，造山运动引起了地球上大面积的剥蚀和沉积。化学剥蚀和有机物沉积导致大气中二氧化碳的消耗量超过了火山运动的释放量，使大气中的二氧化碳失去了平衡。二氧化碳从空气中大量消失，导致了“冰室效应”。在此背景下，全球气温迅速降低。地球两极的海洋上首先形成冰盖。当冰盖的面积扩大到中纬度时，一个惯性循环就开始了。结果就使大部分的太阳光被冰面反射出地球，储存在地球上的能量越来越少，地球表面变得更加寒冷。到最后，地球上几乎所有的地方都被冰雪覆盖，形成了所谓的“大雪球”。当时地球的平均气温可能与现在的南极相当，或者更加寒冷。

“大雪球”持续的时间与冰川沉积的时间相当。这个时间段可以利用同位素进行年龄测定。在地质演化史上，这段时间可能微不足道，但却非常重要，也留下了印记。

在冰天雪地的年代，火山活动并没有停止。后来，化学剥蚀和有机物的沉积速度明显减慢，总有一天，大气中二氧化碳的补给量会超过消耗量。经过数百万年甚至更长时间的积累，当空气中二氧化碳含量超过一定值时，就出现了“温室效应”。地球温度缓慢升高，“大雪球”逐渐融化。

只要时间足够长，一切物质和运动都会变得陌生。

3. 元古宙的生命

从冥古宙末期到太古宙，地球上的生命从无到有，这是生物演化史上的一次飞跃。

大约在25亿年前，一种叫做蓝绿藻的藻类生物就已经出现。它们的特点是能进行光合作用，直接结果是把大气中的二氧化碳变为氧气。在蓝绿藻出现后的20亿年间，大气成分在十分缓慢地发生着变化。这是量变引起质变的一个典型实例，也意味着一种新的生命形式即将出现。

大约在10亿年前，氧气在大气中的含量已经接近2%，为未来的生命演化提供了一个理想的环境。这时，海洋中的单细胞生物已经分化出许多种类，包括一些原生动物，成为当时地球上最复杂的生命形式。

根据地球化学研究提供的证据表明，尽管元古宙中晚期氧含量有一定的上升，但海洋基本保持缺氧和多硫的状态。对很多生命而言，这种状态是不适合生存的。

地质学家在澳大利亚北部发现了海盆沉积岩的分子化石。分子化石揭示的是16亿年前的情况。分子化石为了解那个时期的海洋生态系统提供了线索。我们把这些分子化石叫做碳氢化合物的生物标记物。

这些生物标记物记录了一个缺氧和多硫的世界。这样的环境不适合产生氧气的藻类生存，却适合产生硫化物的绿色细菌和紫色细菌的大量繁殖。作为一个整体，这些生物标记物提供了关于当时海洋状况的生物学证据，即那个时期海洋中的氧含量远远低于现在的氧含量。

在这样的环境下，硫化物遍布水中。在元古宙中期的沉积物中，丰富的黄铁矿和稳定的硫同位素矿床使得硫酸盐含量比现在高。

经历了一次大冰期后，藻类和细菌重新繁荣起来。生物演化的方向是从原核生物到真核生物，从单细胞到多细胞。它标志着生命演化进入了一个新时期。这一时期，细菌和蓝绿藻开始繁盛。蓝绿藻和细菌主要生活在浅滩海域，后来又出现了红藻和绿藻等真核藻类。

这时，太古宙的菌类和蓝绿藻类不断进化。岩层中广布着蓝绿藻类化石，经生物作用和沉积作用后，保存在石灰岩和白云岩中。其横剖面呈同心圆状和椭圆状，纵剖面呈向上凸起的弧形或锥形叠层状，就像扣放着的一摞碗。叠层石（stromatolite）的名称由此而来。叠层石的形态和内部构造能够为地层的划分提供重要信息。

这是因为这些藻类在生长过程中黏附了海水中的沉积物颗粒。在一代代地繁衍之后，最终形成层纹状结构物。层层叠加就形成了我们常说的叠层石，是早期生命化石的一种。叠层石是地球上最早的生物礁，首次出现在太古宙，到元古宙叠层石的数量明显增多。

根据形态、分叉形式、体壁构造、纹饰及内部构造，可以将叠层石划分为许多类、群和型。这对地层的划分和对比有一定的意义。

此后，生命的步履从未间断过。到了10亿年前，出现了第一种动物，标志着生命的演化向前迈出了一大步。尽管它们非常微小，但相较于早期的生命形式却更复杂，体内存在许多细胞，生命形式的多样化已经很像那么一回事了。元古宙结束前，海洋中出现了一些低等无脊椎动物。

藻类植物光合作用的结果改变了二氧化碳和氧气在大气中的成分分布，使地球表面，特别是空气，从缺氧型向含有较多氧的状态过渡。大气成分的性质从还原型向氧化型方向的转变就是从那时开始的。

中元古代的地层中含有铁紫红色石英砂岩和赤铁矿层，说明当时大气中含有很多的游离氧。大气及水体中氧含量的增多不仅影响了岩石风化和沉积作用的方式及进程，也给生物发展和演化准备了物质条件。

到新元古代的埃迪卡拉纪，多细胞生物已经很常见，但这个时期出现的软体生物很少留下化石。在埃迪卡拉纪后期的地层中，人们找到一些虫子爬行的痕迹，也找到一些小的硬壳动物化石，但大部分是一些不能动的球状、盘状或叶状体动物化石。

4. 古元古代

古元古代（Paleoproterozoic Era）距今25亿～16亿年，期间经历了9亿年。古元古代包括成铁纪、层侵纪、造山纪和固结纪。

成铁纪（Siderian Period）是地质年代中的一个纪，同位素年龄在25亿～23亿年前。成铁纪的名称来自希腊文“sideros”，意思是“铁”，因为这个时期是世界上形成特大型铁矿和硅铁矿的主要时期。但在中国大陆，同一时期并不发育硅铁矿床。成铁纪期间，蓝绿藻和细菌繁盛。

层侵纪（Rhyacian Period）开始于同位素年龄23亿年前，结束于20.5亿年前。层侵纪期间，蓝绿藻和细菌繁盛。层侵纪的大气圈从缺氧型向贫氧型转化。由于藻类植物日益繁盛，藻类的光合作用不断吸收大气中的二氧化碳，放出氧气，使大气圈和水体从缺氧向氧含量增加的方向发展。层侵纪时期的生物演化是从原核生物向真核生物方向进化。之前就有的菌类和蓝绿藻类，在这一时期得到了进一步发展。

造山纪（Orosirian Period）开始于20.5亿年前，结束于18亿年前。在造山纪的下半叶，大陆上发生了大规模的造山运动。在造山纪期间，还发生了地球历史上已知的两次最大规模的小行星碰撞。一次碰撞发生在现今南非的所在地，另一次碰撞发生在现今加拿大的所在地。

20.3亿年前，一颗直径为10千米的小行星撞击今天的南非，形成了现今南非的弗里德堡盆地（Vredefort Dome），实际上这是一个超级陨石坑。弗里德堡陨石坑的直径足有300千米，这个超级陨石坑不仅是世界上最大的陨石坑，也是世界上最古老的陨石坑。到18.5亿年前，小行星碰撞地球，产生了现今加拿大安大略的萨得伯里（Sudbury）盆地，萨得伯里盆地具有撞击坑的构造特征。

固结纪（Statherian Period）是古元古代的最后一个纪，开始于同位素年龄18亿年前，结束于16亿年前。固结纪期间，蓝绿藻和细菌繁盛。

5. 中元古代

中元古代（Mesoproterozoic Era）距今16亿～10亿年，期间经历了6亿年。中元古代包括盖层纪、延展纪和狭带纪。经过了几亿年的进化，蓝绿藻和细菌的规模更大，活动范围也更广。

盖层纪（Calymmian Period）是中元古代的第一个纪，开始于同位素年龄16亿年前，结束于14亿年前。这一名称来源于希腊文calymma，意思是cover（覆盖）。盖层纪期间，褐藻和蓝绿藻发育。

褐藻（*Phaeophyta*）是一群较高等级的藻类，有1500种左右，主要分布于大陆附近的水域。褐藻的颜色取决于其中所含褐藻素与叶绿素的比例，多为暗褐色，也有橄榄绿色。其大小形态各异，有数厘米的水云属，也有几十米甚至上百米的巨藻属，更多的是它们之间的过渡形态。褐藻可以同时通过无性生殖和有性生殖的方式进行繁殖。

蓝菌（*Cyanobacteria*）又称蓝藻、蓝细菌、蓝绿菌或蓝绿藻。其开始被认为是一门藻类，后来有人把蓝菌划为原核生物的一门，称为蓝菌门。属于单细胞个体或群体，或为细胞成串排列组成藻丝状的丝状体，不分枝、假分枝或真分枝的都有。蓝绿藻是地球上历时最悠久的原核生物，已存在了约30亿年。地球上大约有2000种蓝绿藻。其光合作用对地球表面的大气环境从无氧型到有氧型（即从还原型到氧化型）的过渡起了巨大作用。蓝绿藻的生存能力极强。在淡水和海水中，在潮湿和干旱的土壤或岩石上，在树干和树叶上，在温泉和冰雪上，甚至在盐卤池、岩石缝隙中都能看见蓝绿藻的踪影。

延展纪（Ectasian Period）来源于希腊文ectasis，意思是extension（延展）。延展纪是中元古代的第二个纪，开始于同位素年龄14亿年前，结束于12亿年前。延展纪这个名称因为大陆架盖层的延展而得名。

这期间出现了最早的复杂多细胞机体。至今被发现的最早的多细胞生物是12亿年前中元古代延展纪时期的一种红藻（*Bangiomorpha pubescens*）化石。多细胞生物为了完成繁殖任务，必须解决从一个生殖细胞来产生整个生物的问题。发育生物学研究的正是这一问题。一般认为，延展纪期间出现的单细胞生物有性生殖是多细胞生物出现的前提条件。

这一时期，藻类和菌类继续繁盛。延展纪是由原核生物向真核生物演化、由单细胞生物向多细胞生物演化的重要阶段。延展纪晚期，无脊椎动物偶有出现，地层中也有低等生物的化石存在。

狭带纪（Stenian Period）是中元古代的第三个纪，这一名称来源于希腊文 stenos，意思是 narrow（狭窄的）。狭带纪因为许多在此期间形成的变质岩带而得名。它从 12 亿年前开始，到 10 亿年前结束。

这期间，大型藻类和有性繁殖行为比较普遍。狭带纪形成了狭窄的多金属带。大约在 11 亿年前，形成了罗迪尼亚（Rodinia）超大陆，北美洲当时位于罗迪尼亚超大陆的中心，东连今南美洲西部，西接今大洋洲大陆与南极洲。

6. 新元古代

新元古代（Neoproterozoic Era）距今 10 亿～ 5.4 亿年，期间共经历了 4.6 亿年。中元古代包括拉伸纪、成冰纪和埃迪卡拉纪。

拉伸纪（Tonian Period）是新元古代的第一个纪，开始于同位素年龄 10 亿年前，结束于 7.2 亿年前。这时期，首次出现了大型具刺疑源类①。

成冰纪（Cryogenian Period）是新元古代的第二个纪，距今 7.2 亿～ 6.3 亿年。成冰纪期间，发生了全球雪球事件，地球上的生物也进入了一个相对低潮期。当时，冰川覆盖了地球表面的大部分。有科学家认为，成冰纪期间，整个地球被冻成一个类似固体形态的巨型雪球。这说明，地球曾经有过一段很长的寒冷气候，这样的周期性冰河时期在地球历史上可能不止一次。

另外，同时期的地球上也出现过岩浆热能驱动的大规模热液循

---

① acritarchs，主要指亲缘关系不明的具有机质壁的单细胞微体化石。

环。一边是冷酷冰山，一边是岩浆的热流涌动，那时候的地球正经历着“冰”与“火”的双重洗礼。这种历史巨变可能就是后来孕育生命多样化的巨大温床。

大约在7.5亿年前，罗迪尼亚超大陆分裂成两半，早先被分割的大洋又被打通，现今的北美洲板块往南向冰雪覆盖的南极板块旋转。罗迪尼亚超大陆的北半部基本上包括现今的南极洲大陆、大洋洲、印度半岛、阿拉伯半岛以及成为中国一部分的大陆碎块。介于裂成两半的罗迪尼亚超大陆之间的是刚果地盾，也被称为第三大陆，它构成了现今的中非洲和北非洲的大部分。

埃迪卡拉纪（Ediacaran Period）是新元古代的最后一个纪，距今6.3亿～5.4亿年。当时，全球性的冰河时期已经结束。埃迪卡拉纪期间，生物界发生的重大变化是出现了埃迪卡拉动物，但这期间出现的软体生物很少留下化石。

埃迪卡拉的名字来自南澳大利亚的埃迪卡拉山。1946年，地质学家曾在这里发现了显生宙以前的生物化石。通过研究，他们认为这些生物化石是珊瑚和海虫的先驱。在接下来的几十年里，地质学家和古生物学家在南澳大利亚又找到了很多这个时期的生物化石。埃迪卡拉动物就是这些生物化石的总称。

那时候，地球上已经形成了一个对一切存在不闻不问的生物圈，它们只存在于海洋中，基本上都是菌藻类，也不难见到多细胞生物。

它们身体微小，没有分泌硬壳或其他硬体的能力，在地层中保存为化石的机会极少，故有“隐生生物”之称。到了埃迪卡拉纪，生命进化的速度明显加快，形式更加多样化。6亿年前，一些细小的保存着古代最初生命形式的化石记录出现了。

我们可以想象一下埃迪卡拉纪地球生物圈的基本轮廓。当时的生物界已呈现出一派繁荣景象：海洋中的菌藻类最繁荣，除了蓝绿藻外，还有褐藻、绿藻、微古孢子等，今天我们所熟知的叠层石就是一些沉积有这些藻类的石灰岩。

到距今6亿年时，地球上出现了浮游生物和古杯动物。埃迪卡拉纪快要结束的时候，出现了腔肠动物、环节动物、节肢动物和软体动物等一些较低等的无脊椎动物。到目前为止，约有 1 万种腔肠动物，其中仅有几种在淡水中生活，其余都生活在海水中。

当时的海洋面积比现在要大得多，占地球总表面积的 90% 以上。大洋的主体是洋底，占海洋面积的 80% 左右。洋底的起伏形态和陆地相同，表面看起来非常复杂，实质上有一定的规律。各个大洋的中部都存在着一条高峻脊岭，彼此相连，全长约 80 000 千米，贯通所有大洋，也被称为洋中脊。其中最壮观的就是大西洋中脊。大西洋中脊的宽度一般为 1500 ～ 2000 千米，约为大西洋面积的 1/3。其相对高度为 1000 ～ 3000 千米，耸立在洋底上。另外一个是洋盆。广义的洋盆是指地球上承载了全部海洋水体的洼地，狭义的洋盆特指大洋底部的深邃洼地。海底形貌是另一个世界。海洋底部有很多低平的地带，零星散布着一些海底山脉，类似于陆地上的盆地构造，是大洋底部的主体部分。

紧邻大洋的海岸地貌则是另一种风景，是指海岸在构造运动、海水运动、生物作用和气候因素等综合作用下形成的各种形态。通常分为海岸侵蚀地貌和海岸堆积地貌。

海岸总是处在波浪、潮流等的不断侵蚀之下。持续不断的海侵形成海岸侵蚀地貌。海侵是指在某个相对短暂的地质历史时期中，因海平面上升或陆地下沉导致的海水侵入陆地的现象。海侵面是一个不整合面。在一定程度上，海岸侵蚀地貌还与潮汐现象[①]有关。

那时候，仅在现在格陵兰、欧洲西北部、北美洲东北部、大洋洲西部和非洲南半部有一些不大的岛屿。今天的世界屋脊和亚洲大陆的主体在当时还处于茫茫大洋的底部。这几个小小的岛屿构成了远古世界的陆地，它们是后来大陆的核心。茫茫大洋中的那些岛屿差不多都是火山岛，火山喷发非常频繁。

那些岛屿遥遥相望，烟波浩渺的海水与澄澈无际的蓝天相辉映。

---

① 潮汐现象是指海水在天体引潮力作用下产生的周期性运动，影响潮汐现象最主要的天体是太阳和月亮。人们习惯把海面垂直方向的涨落称为潮汐，把海水在水平方向的流动称为潮流。潮汐是一种自然现象，古代把白天的潮汐叫做“潮”，把晚上的潮汐叫做“汐”，合在一起就叫做潮汐，仅从字面意义就能理解。

元古宙末的地球

一些高出海面的孤岛如充满生命气息的庞然大物，默然屹立在水天相接处。半空中高悬着一个光芒四射的太阳，水雾凄迷，空气清冽，即使在盛夏季节，仍然透出丝丝寒意。

在背风的一面、被太阳晒热了的浅水域中，充满了生命的声音。那些现今早已消逝了的各种动植物尽展风姿，在寂寞如深闺幽院的梦幻境域表演着自然世界轰轰烈烈的一幕，把生命的恋歌传向遥远的故乡。

第三章 古生代的自然地理环境

古生代约于 5. 4 亿年前开始，2. 5 亿年前结束。古生代共分六个纪，这六个纪分别是早古生代的寒武纪、奥陶纪、志留纪，以及晚古生代的泥盆纪、石炭纪和二叠纪。

在本章中，笔者重点讲述那个年代地球的自然地理环境及其影响。

古生代的英文单词是“paleozoic”，意即古代的生命。从寒武纪开始，短短的几百万年间发生了生命大爆发。这时期，多细胞生物种类繁多，最繁盛的生物之一便是节肢动物三叶虫。除此之外，还有腕足动物、古杯动物、棘皮动物和腹足动物等。

早古生代指整个古生代的前半期，包括寒武纪、奥陶纪和志留纪三个纪，始于距今约5.4亿年前，结束于距今约4.2亿年前。这段时间形成的地层叫“下古生界”，相应地包括寒武系、奥陶系和志留系三个系。

在早古生代，中国华北整体上升，形成了华北陆台，它和中国西部的塔里木古陆、东北及朝鲜连成一片，被称为中朝陆台。志留纪末期，湖南、广西、江西边的南岭地区上升，位于江南古陆与康滇古陆间的扬子海上升，形成了扬子古陆，它同江南古陆、康滇古陆连成陆地。后来又因海侵，海陆交替十分频繁，形成了丰富的煤田。

早古生代末，古大西洋关闭，从而使北美板块与俄罗斯板块碰撞对接。中国西部柴达木板块与中朝板块拼合，古祁连海褶皱关闭。当时的许多古海洋都不同程度地受到加里东运动的影响，导致各大陆板块边缘的陆壳增生。陆地面积进一步扩大，古老地台更趋于稳定。

在晚古生代末期，中国天山、昆仑山、秦岭、阿尔泰山脉和兴安岭等地槽、褶皱相继隆起；华北、西北、东北及华南部分的广阔大陆相连；而西南和华南部分地区及东北乌苏里江口等地区存在着海水，这是海洋向陆地转化的重大变革时期。

早古生代是海生无脊椎动物的发展时代，如寒武纪的节肢动物三叶虫、奥陶纪的笔石动物和头足类动物、泥盆纪的珊瑚类动物和腕足类动物等。最早的脊椎动物无颌鱼出现在奥陶纪，植物则主要是水生菌藻类，直到志留纪末才出现了陆生的裸蕨植物。

晚古生代的水生生物逐渐变成了陆生生物，陆生生物迅速发展，形成了较繁盛的孢子植物。因蕨类植物森林而形成了地质历史上的重要成煤期，在二叠纪晚期形成了裸子植物；海生无脊椎动物中出现了菊石、有孔虫及竹节石；在泥盆纪广泛分布着鱼类及无颌类，两栖类则广泛分布于石炭纪和二叠纪。

在地球历史中，那是一个非同寻常的阶段。在这一阶段，动物进化出壳和其他坚硬的身体部分，生命更多新的形式就从那时候出现。当时的动物主要包括三叶虫及其他节肢动物、软体动物和皮卡虫之类的早期脊索动物。脊索动物体内有一根坚固的主干，是包括人类在内的所有脊椎动物的祖先。

一、寒武纪——升升降降的地壳

寒武纪开始于5.4亿年前，结束于4.8亿年前。这个名称最早源于英国。19世纪30年代的一个夏天，英国地质学家塞奇威克背着简陋的工具来到了英国西部的威尔士地区，在当地的坎布里亚地区研究地层结构，并以此地区的名字命名了这一地质历史阶段。

寒武纪时最主要的地壳变动为升降运动。自早寒武世开始海侵，中寒武世海侵达到最高峰，海水侵入阿拉伯半岛陆台和印度半岛陆台的北部；到晚寒武世时，由于有些地方的陆地开始上升，故海水面积相对缩小，特别在西伯利亚陆台。这一时期，亚洲各大地槽带都沉积有砂岩和石灰岩等地层。

寒武纪以后开始出现较高等的动物，它们繁衍迅速、形态复杂，所以它们被称为“显生生物”。在地质学上，人们就把寒武纪及以后的时期叫做显生宙。

当时，已经形成了原始浩瀚的汪洋大海，覆盖了地球95%以上的表面，只有很少的高原和山峰露出水面，成为无限大洋中孤零零的小岛。再后来，岛屿从大洋中升起，扩展成大陆。

在寒武纪潮湿的低地，可能分布有苔藓和地衣类的低等植物，但还缺乏真正的根茎组织，难以在干燥地区生活。无脊椎动物也还没有演化出在空气中生活的机能。所以，寒武纪没有真正的陆生生物，大陆上缺乏生气，极度荒凉。

二、奥陶纪——冰川发育的时代

奥陶纪（Ordovician Period）是古生代的第二个纪，开始于4.8亿年前，结束于4.4亿年前。当时的气候温和，广泛分布着浅海。

在地质学上，奥陶纪可分为三个时期：奥陶纪早期（早奥陶世，4.8亿～4.7亿年前）、奥陶纪中期（中奥陶世，4.7亿～4.5亿年前）和奥陶纪晚期（晚奥陶世，4.5亿～4.4亿年前）。

在地质历史上，奥陶纪是海侵最频繁的时期之一，大陆地区遭受了广泛海侵，世界许多地区都分布有海相地层。在板块内部的地台区，海水广布，表现为滨海浅海相碳酸盐岩的普遍发育。在板块边缘的活动地槽区，是相对深水环境，形成很深的浅海、深海碎屑沉积和火山喷发沉积。

在地质活动方面，奥陶纪是火山活动和地壳运动比较剧烈的一个纪，也是气候分异和冰川发育的时代。奥陶纪后期，不少地区发生了重要的构造变动、岩浆活动和热变质作用，这些地质作用使得相应活动区的部分地区褶皱成为山系，从而在一定程度上改变了地壳构造和古地理轮廓。

奥陶纪时期的各大陆相对于两极的位置和大陆之间的相对位置都曾发生过重要改变。当时，西伯利亚中北部、加拿大北部的部分地区、中国北部和澳大利中西部都属于干热气候地区，而北非的撒哈拉沙漠地区和南部非洲的部分地区却覆盖着厚厚的冰层，属于寒冷气候地区。

古地理环境在早奥陶世晚期又有所改变，海侵规模急剧扩大，大量海水以排山倒海之势涌入曾经干旱的土地。

奥陶纪早期和中期继承了寒武纪的气候特征，这一特征用八个字来概括，就是“气候温暖、海侵广泛”。奥陶纪晚期，南方大陆的西部发生了大规模的大陆冰盖和冰海沉积，是一种寒冷的极地气候特征。

古地磁方面的数据说明，奥陶纪时期的南极应位于今天非洲的西北部，这与非洲冰碛层的分布应位于南极圈内的解释相吻合。南大陆的东部仍处于赤道附近。北美、西伯利亚和中国华北地区有蒸发岩沉积。据此推测，当时这些地区为干热气候环境，应属于低纬度地区。奥陶纪时期的北极应位于今天的南太平洋地区，大陆地区基本上位于南半球。从沉积物来判断，当时南半球的气候分带比较明显。

奥陶纪末期，地球上曾发生过一次规模较大的冰期，其分布范围包括非洲（特别是北非）、南美洲的阿根廷和玻利维亚、欧洲的西班牙和法国南部等地。由于晚奥陶世末期大冰期的形成导致了全球海平面的下降从而引起了广泛的海退。

三、志留纪——早古生代的结束

奥陶纪结束后，接踵而来的是志留纪（Silurian Period），到志留纪，早古生代也快要结束了。志留纪从4.4亿年前开始，到4.2亿年前结束，其间经历了大约2000万年的时间。奥陶纪和志留纪均是以英国威尔士地区的两个古代氏族部落曾居住过的地方命名。

奥陶纪末期或志留纪初期，地球曾遭受过一次大的冰期。正是这次冰期导致的低温环境使古气候发生了显著变化，这在早期志留纪的岩石表面留下了印记。到早志留纪中晚期以后，全球气温开始明显回升，各门类生物迅速繁盛起来，通过生物作用而来的石灰岩也迅速积累，出现了众多的海相沉积。

志留世中期开始，南极冰盖迅速消融，导致志留纪海洋和大气环流减弱，纬向气候分带不明显，深海部分相对较暖，含氧量较低，易形成滞流。因此，除高纬度的冈瓦纳古陆（Gondwana Land）外，其他各板块的气候条件基本以干热或温暖为主。志留纪早期，海侵广泛；志留纪中期，海侵达到顶峰；志留纪晚期，各地有不同程度的海退和陆地上升，形成了一个巨大的海侵旋回。

在世界范围内，志留纪地层分布广泛，在亚洲、欧洲和北美洲的大部分地区，大洋洲和南美洲的一部分地区，都分布着广大的浅海海域。

志留纪时期，最大的冈瓦纳地块集中在南半球的高纬度区，其他地块则分布在当时的中、低纬度区，特别是低纬度区。介于劳伦和欧洲两大板块之间的海洋为古大西洋。深水洋盆的沉积物很少保存下来。这是因为地质历史中的多次板块之间的碰撞和俯冲使之几乎丧失殆尽，保存下来的都是当时大陆架至陆坡的沉积物。志留纪的台地碳酸盐发育广泛，其中以北美洲最典型。

北美洲的中部广泛分布着台地型的浅水碳酸盐相，包括美国中部、西部和加拿大西部的白云岩套，以及加拿大东部的石灰岩套，在北美洲的西缘出现了明显的岩相分异，即由白云岩套向西变成灰岩、泥岩过渡相带，再向西变成碎屑岩相带。北美洲的东缘也有类似的岩相分异，即向东由台地碳酸盐岩变为碎屑岩相带。欧洲大陆，特别是波罗的海沿岸、中欧、东欧，主要是台地型的间夹盆地的笔石页岩沉积，至西欧出现台地碳酸盐岩至台缘斜坡笔石页岩的明显岩相、生物相分带。

西伯利亚地台上沉积碳酸盐岩和笔石泥岩的志留纪地层厚度甚小，而其周缘的活动带则转为巨厚的碳酸盐岩。志留纪的冈瓦纳古陆包括非洲、大洋洲和南美洲的广大地域。

志留纪末，地壳运动强烈，古大西洋闭合，劳伦板块与欧洲板块相遇并碰撞，形成广泛沉积老红砂岩的欧美大陆。其他一些板块间发生碰撞，导致一些地槽褶皱升起，古地理面貌发生了巨大变化，大陆面积显著扩大。与此相适应，生物界面貌也发生了巨变，这一切都标志着地壳历史进入了一个新的转折时期。

志留纪晚期，地球上发生了规模较大的地壳运动——加里东运动（Caledonian Orogeny）。加里东运动是古生代早期地壳运动的总称，主要指志留纪至泥盆纪形成山地的褶皱运动。这次运动以英国苏格兰的加里东山命名。在这里，地质学家发现志留系及更早地层被强烈褶皱，与上覆泥盆系呈明显的不整合接触，形成了从爱尔兰、苏格兰延伸到斯堪的纳维亚半岛的加里东造山带。

加里东运动

加里东运动也叫“加里东构造旋回”。狭义的加里东运动则指发生在志留纪末期或志留纪与泥盆纪之交的褶皱运动和造山运动。其典型地区是英国北方苏格兰延至斯堪的纳维亚半岛西部的挪威。那里分布有褶皱山系和变质程度很高的岩石，对全球地质和生物演化影响很大。

加里东运动所形成的褶皱带称为加里东褶皱带，主要指欧洲西北部晚志留世至泥盆纪形成北东向山地的褶皱运动。这一时期的地壳运动使延伸于北爱尔兰、苏格兰和斯堪的纳维亚半岛的北东向格兰扁地槽、西伯利亚的萨彦岭地槽、中国东南部加里东地槽、澳大利亚的塔斯马尼亚地槽及北阿帕拉契亚地槽（古大西洋）形成褶皱山地。加里东运动的完成标志着早古生代的结束。

志留纪时，在陆台区和中央哈萨克斯坦等大地槽区，有大规模的海侵。整个寒武纪和志留纪末期以前，亚洲陆台基本上是沉降时代和海水侵入时代，这是加里东运动的前半期。

志留纪末至泥盆纪初，亚洲很多地区发生了褶皱运动。在原来的许多大地槽中发生了大规模的海水后退，形成众多高山。这一阶段是显著的造山时期。贝加尔湖沿岸诸山、东萨彦岭、西萨彦岭、叶尼塞河周边山脉、库兹涅茨克阿拉套山、阿尔泰山、唐努乌拉山、杭爱山及我国华南的加里东褶皱带，都是这一阶段形成的。到这时，亚洲原有的地槽缩小、陆台扩大。这是加里东运动的后半期。

这次运动在地层间留下的痕迹，从英国北部威尔士地区到挪威沿海，从北极圈附近的斯匹次卑尔根到格陵兰东部，从阿拉斯加到拉布拉多半岛都可以见到。

在整个古生代，这里是一条狭长的海槽，在亿万年的漫长时间内沉积了巨厚的海相地层。从晚志留世至早泥盆世，强烈的地壳运动使海槽两岸的古北美板块与古欧洲板块相向移动和靠拢，最终碰撞在一起，由此引起地层褶皱并发生变质作用，形成加里东山系，所以把这次地壳运动称作加里东运动。随着许多地区先后褶皱隆起，陆地面积扩大。中国的祁连山、南岭及相邻的地区都是在这次地壳运动中从海洋变为陆地或山系的。

加里东运动是地质发展史上一次具有划时代意义的地壳运动。加里东运动和海陆变迁导致干燥气候的出现和形成，这时的陆地上首次出现了脊椎动物。气候的显著变化使风化和侵蚀等地质作用明显加强。

在加里东运动末期，古大西洋曾一度闭合，结果形成了加里东褶皱带。

四、泥盆纪——“鱼类时代”

泥盆纪（Devonian Period）是晚古生代的第一个纪，距今天4.2亿～3.6亿年。这个名称是英国地质学家罗德里克·麦奇生（Roderick Impey Murchison，1792—1871）和赛奇威克取的。1839

年，他们两人在研究英国德文郡地质时，发现这里的地层介于志留系和石炭系之间，于是就以当地的郡名作为这套地层形成时代的名称。这一纪包括早泥盆世、中泥盆世和晚泥盆世三个时期。

这时期，蕨类植物繁盛，昆虫类和两栖类动物兴起，脊椎动物进入了飞跃发展时期，鱼形动物数量和种类增多，现代鱼类开始发展。因此，我们也常把泥盆纪叫做“鱼类时代”。昆虫类化石最早也发现于泥盆纪。

受早古生代加里东运动以及从泥盆纪开始的海西运动影响，许多地区抬升，露出海面成为陆地，古地理面貌与早古生代相比发生了很大变化。

早泥盆世时，现在的北美地区是一个低洼的大陆，海水很少，阿巴拉契亚地槽在泥盆纪的大部分时间内接受了沉积。在密西西比河谷、大湖地区、加拿大西北部和阿巴拉契亚地区，都可以见到这时期的岩石。泥盆纪的地层要属纽约州发育得最好，这里层序完整，化石丰富。泥盆系出露于亚利桑那、科罗拉多、犹他、怀俄明、爱达荷、蒙大拿和内华达州，且大部分属于中、晚泥盆世。泥盆系也出露于不列颠群岛、德国、法国、俄罗斯、中国和其他亚太地区。

泥盆纪古地理的基本格架主要由冈瓦纳古陆、劳亚古陆及其间的特提斯海（即古地中海）和古太平洋组成。

冈瓦纳古陆是最完整、最大的古陆，包括已知大陆壳的一半以上，围绕南极地区分布。由非洲的大部分地区、阿拉伯半岛、马达加斯加、南美洲、印度半岛、澳大利亚、新西兰和南极洲的大部分组成，可能还包括南欧、土耳其、阿富汗、伊朗和中国的喜马拉雅山等地区。

劳亚古陆的西部由劳伦古陆和波罗的古陆构成，也叫做欧美联合大陆。劳伦古陆以北美地台为主体，再加上苏格兰、爱尔兰的一部分。波罗的古陆主要包括乌拉尔以西的俄罗斯地台、芬兰和斯堪的纳维亚半岛。

欧美联合大陆的陆相沉积含有近似的非海相和淡水的鱼化石、植物化石。欧美联合大陆以东为一些分散的大型陆块或小型至微型陆地群组，其中以西伯利亚、哈萨克斯坦、中国的华北和华南古陆较大。后者的位置接近赤道附近和北半球中纬带。西伯利亚则处于高纬带。

泥盆纪时，地球总面积的 85% 被海水覆盖，其分布界限包括广阔的构成北半球的古太平洋，位于冈瓦纳古陆以北的特提斯海和各陆块之间狭窄的陆间海以及大陆之上的陆表海。

学者根据沉积物性质推断了当时的古气候。泥盆纪晚期，现在的北美洲可能位于亚热带，俄罗斯地台可能位于干燥气候带。西伯利亚地台存在礁相蒸发岩、碳酸盐岩，哈萨克斯坦具有厚的碎屑岩、蒸发岩、煤层和铝土岩，由此推测它们的气候是从温湿到干热发展的。

冈瓦纳古陆的南部主要发育着深厚且单一的碎屑岩，只有局部地方含有碳酸盐岩，这表明其当时可能属于寒冷或温湿气候。南美洲东部主要为碎屑岩，缺失碳酸盐岩和陆相沉积。同一时代的动物化石说明动物分布以双壳类为主，分异度很低，珊瑚、层孔虫和苔藓虫等骨骼化石极少或缺失，这表明南美洲东部属于寒带气候。

巴西东北部巴纳伊巴盆地沉积有冰碛岩、冰碛砾岩、季候纹泥，表明那个地区曾有过冰川活动。泥盆纪时，年和日的长度与今天不同，对珊瑚、层孔虫和双壳类等化石生长纹数的测定知道，那时候每年平均约有 400 天，每昼夜为 21 ～ 22 小时。

泥盆纪时，月球和地球之间的距离大约只有今天的一半，这印证了地球物理学家和天文学家的推断。

五、石炭纪——“巨虫时代”

1. 自然的力量

继泥盆纪而来的是石炭纪，石炭纪距今 3.6 亿～ 3 亿年，约延续了6000万年。石炭纪是古生代的第五个纪，石炭纪包含两个时期：早石炭世（又叫密西西比亚纪，3.6亿～3.2亿年前）和晚石炭世（又叫宾夕法尼亚亚纪，3.2亿～3亿年前）。

石炭纪时，陆地面积不断增加，陆生生物空前发展。当时气候温暖、湿润，沼泽遍布。大陆上分布有广大的沼泽森林，这些森林周期性地生长着。

3亿年前的这些森林，也许是地球历史上最繁盛的植物。它们一代又一代地繁荣了又消逝了，类似腐殖质的植物遗体也一层层地堆积着。后来由于地壳运动等原因，它们被埋在了地下，变成了化石，产生了大量富含碳的沉积物，现在称之为煤。今天，地球上分布广泛的煤炭等化石燃料就是这么来的。英国地质学家科尼比尔（W. D. Conybeare）和菲利普斯（J. Philips）于1822年发现这个时期的地层里埋藏着丰富的煤炭，因此用石炭纪命名了这个地质年代。

石炭纪也被称为“巨虫时代”。石炭纪时，大气中的氧气含量很大，虫子特别大。当时有一种巨型蜻蜓的翼展长达1米。

石炭纪是地壳运动非常活跃的时期，古地理面貌与之前也很不一样。这时期，气候分异现象十分明显，北方古大陆温暖潮湿，植被繁荣，冈瓦纳古陆却是寒冷大陆冰川的沉积环境。正是这样的气候分异导致了动、植物地理分区的形成。许多沿海平原和盆地内广泛生长着森林沼泽。当时的主要大陆有北美洲、欧洲、西伯利亚、中国和南半球的冈瓦纳古陆。这个大陆是以印度中部一个叫做“冈瓦纳”的地区命名的。

冈瓦纳古陆的范围很广，大体包括印度半岛、阿拉伯半岛、非洲及大洋洲、南美洲和南极洲的大部分地区。这些地区原来是连在一起的大陆，在古生代早期基本上都已露出海面，中生代开始分化，到白垩纪末，分裂成现在的印度半岛、非洲、南美洲、南极洲和大洋洲等大陆。

在岩石裸露的大陆高原，气候发生了剧烈变化。有些地方热起来非常热，冷起来非常冷；有些地方常年阴雨绵绵，各种高大的绿色植物从不知道休眠，也有些地方四季较为分明，灿烂的阳光伴随着一望无际的蓝天，把天长地久、亘古不变的时空秩序刻印在遥远的生命细纹里。

石炭纪的地球内部发生过多次剧烈运动，包括地壳板块断裂、撞击和火山活动。

火山爆发的直接结果是把更多的二氧化碳释放到空气中，岩石的风化作用则会吸收二氧化碳。这大概是引起古代气候变化的一个重要因素。当火山活动比较频繁时，就会把大量的二氧化碳释放到大气中，使地球的气候开始变暖。而当造山运动频繁时，就会有大片未风化的新岩石暴露在空气中，导致大气中的二氧化碳浓度下降，从而使地球温度开始缓慢下降。

悠悠时间创造的层积高地在火山喷发和地壳隆起的双重作用下发生断裂。在一个小生境区域内，陆地与山岭的形貌无时无刻不在发生着变化。大海越来越深，山峰越来越高，气候变化更加明显。自然这把“刻刀”无时无刻不在蚀刻着坚硬的岩石和柔韧的生命。

2. 成煤作用

今天，地球上之所以蕴藏有如此丰富的煤炭资源，是与石炭纪植物界的繁盛密切相关的。其实，植物变成煤炭也是一个相当漫长的过程。

由于石炭纪的植物种类繁多，生长迅速，死后即使有一部分很快腐烂，但仍有许多枝干倒伏后避免了风化作用和细菌、微生物的破坏。石炭纪森林的不少林地是被水浸泡的沼泽地，死亡后的植物枝干会很快下沉到稀泥中。下沉到那里后，实际上就形成了一种相对封闭的还原环境。在这种环境下，植物枝干避免了外界的破坏，并在压实作用和其他作用下缓慢地演变成泥炭。

由植物形成的泥炭在地层中得到保存，经历了成煤作用后才成为初级的煤炭，这就是褐煤。褐煤是一种劣质煤，褐煤再经过长时间的压实后，才能形成真正意义上的煤（烟煤或无烟煤）。不过这一转化要艰难得多。据地质学家们推算，20 立方米的褐煤在漫长的作用后才能形成 1 立方米的烟煤。

石炭纪森林分布在地球陆地的许多地方，中国北方的许多地区就曾生长着石炭纪的广袤森林，山西的煤层就是最好的证据。在石炭纪时，山西地区历经海水的数次入侵，海陆频频交替。每当海水退却，陆地植物便在温暖潮湿的环境下迅速繁盛，一代代的繁荣枯萎为煤炭的形成做了最好的准备。

石炭纪早期，陆地又开始下沉，海水从不同方向侵入陆地，形成了一片片开阔的滨海沼泽平原。气候变得温暖湿润，在这样潮湿的低地上，林木丛生，水草丰茂，一派别样风光。茂密的森林中，有与今天完全不同的种类，特别是蕨类植物，不但种类繁多，而且叶长干高，最长的叶片可达 2 米，最高的树干可达 40 ～ 50 米。

就在这水泊密布、淤泥遍地的池沼中，枯枝烂叶、倒地的大树被细菌腐蚀，分解成为腐泥进行着成煤作用。再加上相对稳定的地壳沉降速度和树木遗体堆积速度的某种平衡作用，形成了分布广泛的煤层。

这里介绍一下煤的形成过程。煤的形成过程概括地说就是，大量植物死亡后会被埋葬，经过高温、高压和石化等几方面相互作用后，它们才能转化成煤。这个全部过程叫做成煤作用，既有连续性，又有阶段性，主要有两大阶段。

前一阶段即由植物变成泥炭的泥炭化阶段。在低洼的湖泊或沼泽地带，生长茂密的植物死亡后沉没在沼泽里，最初也会被分解腐烂。但不久，由于地壳下沉便被水和新来的植物遗体掩埋起来，不断形成植物堆积层，慢慢地与空气隔绝，氧化环境转变成还原环境。这种变化发展到一定程度，植物遗体就发生了质的变化，变成一种黑褐色的泥炭。

泥炭还不是煤，它只是煤的前身，还必须经过后一阶段，也就是由泥炭变成煤的阶段。这个阶段是煤演变过程中的一次飞跃。

泥炭形成后，如果地壳迅速下沉，泥炭沼泽地就逐渐消失。由于越来越多的泥炭受到挤压，失去水分，密度增加，微生物的活动也随之销声匿迹。经过这一系列的复杂变化，氧的含量降低，碳的含量增加，腐殖酸不断减少，泥炭终于变成了褐煤。这一转变过程就是煤的石化或岩化作用。

这还只是煤化作用阶段的序幕，紧接着就迎来了煤化作用的高潮，也就是煤的变质作用。因为形成的褐煤继续向下沉降，生物化学作用完全停止，同时由于地底下的温度不断升高、压力不断增加，褐煤内部分子结构和物理化学性质进一步发生了变化，煤质开始变硬，结果就变成了烟煤和无烟煤。

六、二叠纪——全球性地壳上升

二叠纪（Permian Period）距今 3 亿～ 2.5 亿年，期间共经历了约 5000 万年。二叠纪是古生代的最后一纪，又处于一个新的历史阶段，即大变动时期的前夜。这是一个全球性地壳上升的时期。二叠纪也是重要的成煤期。

二叠纪期间形成的地层称为二叠系。1841 年，英国地质学家在乌拉尔山脉西坡发现了一套发育完整的地层。该地层含有很多化石，可以作为二叠纪的标准剖面，他根据出露地点卡玛河上游的彼尔姆地区命名为 Permian System（二叠系）。英文单词 Permian 源于俄文的音译。

在二叠纪，陆地面积进一步扩大，海洋范围逐步缩小。自然地理环境的变化促进了生物界的重要演化，预示着生物发展史上一个新时期的到来。

二叠纪的海水大致以欧亚东西向地槽带、环太平洋地槽带及乌拉尔地槽带为中心，向邻近大陆地区扩展。岩层沉积作用发生明显分异，且存在多种沉积岩类型。在时间上，其分为早期沉积和晚期沉积，且分异明显。

早期海相沉积广泛发育。到了晚期，除多数及其外围部分继续保持海相沉积外，地槽的回返部分及大陆棚区趋向于沼泽化或陆相沉积。陆相及煤系沉积多见于东西向地槽系南、北两侧的亚洲、中欧、印度半岛和南半球的多数陆地。

冰碛岩类发育于新西兰以外的南半球各大陆、印度半岛及中国西藏南部的二叠纪早期。这些以陆相地层为主的岩系包括冰碛岩在内，称为冈瓦纳相。

二叠纪古地理方面的一个突出特点是欧亚东西地槽带（即特提斯海域）的存在。特提斯海（Tethys Sea，即古地中海）曾经长期存在过，海洋范围分布在北纬 30° ～ 40°，向北与乌拉尔地槽相通，东西方向从地中海西部一直到印度尼西亚，南从沿澳大利亚西海岸延伸到南纬 30°。特提斯海域环境复杂，包括浅水区、深水区、地质活动区和相对稳定的地区。

二叠纪的地壳运动非常活跃，古板块间的相对运动加剧。地球上很多地方都受到了这次地壳运动的影响，一些地区不同程度地褶皱隆起，海洋面积明显缩小，陆地面积再次扩大。地质学上把这次强烈的地壳运动叫做海西运动（Hercynian Movement），是一次规模较大的造山运动，世界范围内的许多地方地槽封闭并陆续形成褶皱山系。

海西运动

海西运动泛指晚古生代地壳运动的总称。海西运动又称华力西运动（Variscan Movement）。海西构造期包括泥盆纪、石炭纪和二叠纪。

海西运动由德国海西山得名。其所形成的褶皱带叫做海西褶皱带，也叫做华力西褶皱带，泛指德国不同时期由褶皱、断裂作用造成的任何山地，后来专门指晚古生代的造山运动。

海西运动使欧洲西部的海西地槽、北美东部的阿巴拉契亚地槽、欧亚交界的乌拉尔地槽、中亚哈萨克地槽及中国的天山、祁连山、南秦岭和大兴安岭等地槽褶皱回返，形成巨大山系。

经过了加里东运动，整个地壳相对稳定，这时没有褶皱运动，只有升降运动。加里东造山带形成了许多陷落盆地群，如库兹涅茨盆地和米努辛斯克盆地。这些盆地后来都沉积有泥盆系、石炭系和二叠系地层。泥盆纪末期，海侵现象又被陆地上升所代替。但到石炭世早期时，在大地槽和地台上，又有大规模的海侵。海侵现象一直从早石炭世延续到中石炭世。这一时期为海西运动的前半期。

海西早期（泥盆纪至石炭纪），地壳的升降运动导致产生许多陷落盆地群。海西运动的后半期（从石炭纪末到二叠纪）主要表现为海西褶皱运动，它将俄罗斯地块和西伯利亚地块连接起来，形成了亚欧大陆的雏形。这个时候，北半球各古地台之间的地槽带变为剥蚀山地。

石炭纪中期，海平面下降、陆地上升，造成海水从大陆向海洋逐渐退缩，我们把这种地质现象叫做海退。在石炭纪中期和石炭纪晚期之间，海西褶皱运动开始，到二叠纪，海西造山运动结束。石炭纪末期到二叠纪，为海西运动的后半期。

海西运动形成的山脉主要有乌拉尔山脉、长白—兴安褶皱带、秦岭—昆仑褶皱带、祁连山和天山等。海西褶皱运动将俄罗斯地块和西伯利亚地块连接起来，从而形成了亚欧大陆的雏形。

海西构造期和加里东构造期形成的山脉均称为旧褶皱山。由于山脉硬化较早，且经历了非常久远的侵蚀，其地势已大大降低。而今日的山脉，主要是阿尔卑斯期以后隆起的山块。

海西运动的完成，标志着古生代的结束。

在北美洲，阿巴拉契亚运动发生于二叠纪末，是二叠纪最强烈的褶皱运动，形成了阿巴拉契亚山脉。西部的科迪勒拉地槽在连续的地壳运动中伴有强烈的火山活动。在欧洲，乌拉尔地槽在二叠纪晚期褶皱隆起，形成俄罗斯的乌拉尔山脉，结果使欧洲与亚洲融合为一体。在中亚、中国北部和西南部，地槽带经历了一段复杂的褶皱、变质和广泛而强烈的火山活动。中国新疆的天山山脉及大兴安岭等都是在这次造山运动中形成的褶皱山系。

正是这次地壳运动才导致大地构造轮廓和自然地理环境的巨大变化。这个时期，北方各古老大陆开始联合，形成了统一的完整大陆，即劳亚古陆。劳亚古陆（Laurasia Land）这个名称是以加拿大东南部的劳伦斯（Laurence）和亚洲（Asia）这两个地名的缩合词命名的。

当时，劳亚古陆的范围很大，几乎包括整个北美洲和欧洲，以及亚洲的大部分地区。这些地区原来由几块陆地组成，在古生代初期就已存在，比较破碎，但已有了板块间拼接的趋势。到二叠纪晚期，它们由于海西运动才形成统一的大陆。到了中生代（Mesozoic Era）中期，劳亚古陆开始有了明显的分裂，并逐渐形成了北美、欧亚等大陆和北大西洋。

劳亚古陆与南方的冈瓦纳古陆之间是狭长的特提斯海。但在现代的地中海，南北两个古陆却相接在一起，因而当时的全球也就是一块比较完整的大陆，一般称做泛大陆（Pangaea）或联合古陆，大洋则围绕在它的周围。

很多在古生代颇为繁盛的动物和植物从此灭绝，菊石、爬行动物和裸子植物从此兴起。这是那个时期地壳板块运动和气候骤变的结果。关于泛大陆的存在，有一些证据也许能够说明。

首先是化石的证据。例如，三叠纪时生活于淡水中的水龙兽（*Lystrosaurus*），在中亚、南部非洲甚至遥远的南极洲等地发现的种属几乎一样；又如，生活在二叠纪淡水里的爬行动物中龙（*Mesosaurus*）在南非和南美洲的化石也完全相似。若不是泛大陆的存在，它们是不可能漂洋过海的。

其次是冰川的证据。对古代冰川的研究发现，南半球各大陆广泛分布的石炭纪—二叠纪冰川遗迹的地点能够较好地拼合起来，从而形成一个大致完整的大陆冰盖。

再次是山脉的走向。仔细观察大西洋两岸的地形、地貌，我们就会发现一些山脉的走向其实是一致的，这说明两地处于相同的构造线上。

最后是大陆的轮廓。如果将大西洋两岸的大陆轮廓凹凸部分进行镶嵌，或仔细观察南半球各大陆的形貌，我们就会发现它们大致可以拼接成完整的大陆。

以上四个方面均说明在古生代的二叠纪，一个完整的泛大陆是存在的。

第四章

中生代的自然地理环境

中生代（2.5 亿～ 6600 万年前）包括三叠纪、侏罗纪和白垩纪。中生代介于古生代与新生代之间。由于这段时期的优势动物是爬行动物，所以又把中生代叫做爬行动物时代。

中生代也是板块、气候、生物演化改变极大的时代。在中生代开始时，各大陆连接在一起，构成超级大陆，即我们常说的盘古大陆。盘古大陆后来分裂成南、北两片，北部大陆进一步分裂为北美洲、欧洲、亚洲，南部大陆分裂为南美洲、非洲、印度半岛与马达加斯加、大洋洲和南极洲，只有大洋洲没有和南极洲完全分裂。

中生代的气候非常温暖，对动物的演化产生了重要的影响。到了中生代末期，现代生物的雏形隐约可见。

一、三叠纪——大西洋和印度洋的诞生

三叠纪（Triassic）是中生代的第一纪，距今约2.5亿～2亿年，其间持续了约5000万年的时间。

三叠纪这个名称是德国地质学家阿伯特最先提出的。1834年盛夏，阿伯特在德国西南部研究地质结构和地层分类时，发现刚才挖过的地方呈现了一套由红色泥灰岩、贝壳石灰岩和杂色砂岩依次叠印的清晰印痕，三组岩层构成了十分明显的新地层。阿伯特就把这一段地质时间命名为三叠纪。

海西运动之后，许多地槽转变成山系，陆地面积扩大。新的地理条件产生了新的沉积相，也带来了生物界的变化。从三叠纪开始，陆相便在世界各地开始沉积，在中国及亚洲的其他地区广泛分布着陆相沉积。三叠纪初期，气候较为干燥；到三叠纪中晚期之后，气候开始变得湿热。

这时，地球上的陆地仍然连在一起，但泛大陆已经出现了明显分裂的迹象。当时的海洋主要分为两个部分：一个是以目前地中海为基础东西向延伸的特提斯海形成了一个狭长的水道；另一个巨大的水域分布在环太平洋地带。

到三叠纪的中晚期（金梅利亚造山前期），泛大陆开始出现裂痕，大西洋和印度洋因此而诞生。

这次造山运动对亚洲大陆的影响十分显著，中南半岛地区主要山系的形成就是这次运动的直接结果。此外，中国的秦岭和巴颜喀拉山等地区都受到了这次运动的强烈影响。当时还处于海平面以下的北美洲科迪勒拉山脉、日本诸岛及马来群岛也都在这次运动中缓慢升起。

对中国的地质构造发展来说，这是一个非常重要的时期。在此期间，华夏板块和扬子板块在中三叠世末期率先完成碰撞、拼合，形成华南板块，两者之间则形成绍兴—十万大山碰撞带。几乎与此同时，思茅—印度半岛板块也与之碰撞拼合，两者之间形成金沙江碰撞带的南段。

晚三叠世，保山—中缅马苏地块拼合到华南板块之上，两者之间形成澜沧江碰撞带的南段。最后，华南板块与在之前已经拼合到欧亚板块上的中朝板块发生碰撞、拼合，两者之间形成秦岭—大别山碰撞带，其东段为南黄海嵌入构造所阻断。

到这时，中国 3/4 的陆地完成了拼合和统一。由于这时期的构造活动相当剧烈，发生碰撞的各板块内部都发生了广泛的褶皱变形。

据估计，当时的上述四条碰撞带所形成的山脉都不太高，海拔最高不超过 3000 米。当时，中国大陆的纬度比今天偏南 10° 左右，结果造成上述四条碰撞带均位于热带—亚热带区域，炎热潮湿的天气很可能使这些山脉变得更矮。今天位于金沙江断层带和澜沧江断层带附近的横断山脉，以及位于秦岭—大别山断层带上的秦岭，都是在这时期以后的构造运动中升高的。

这次运动对中国古地理环境的影响很大。在这次运动之前，现今中国的地势呈现为“南海北陆”的状况，这次运动之后，今天中国南方广大的陆地从海水中浮出。包括川西、甘肃和青海南部等地的“雪山海槽”全部褶皱升起，海水退至新疆南部、西藏和滇西一带，仍属特提斯海。长江中下游和华南地区大部分已由浅海转为陆地。从此，中国南北陆地连为一体，全国大部分地区处于陆地环境。

到了三叠纪晚期，海水基本退去，华南、江南和华北终于连成了一片，我国的地势逐渐由长期以来的“南海北陆”局面转变为“东降西升”的特点。这种地势演变趋势一直持续到了今天。这种变化不仅控制了大陆的面貌，而且也创造了一种新的气候类型。

经过一个漫长的黑暗时期后，地球又迎来了一个相对静谧、温暖湿润的生存环境，又一批新型的陆地动植物在昔日荒芜的土地上孕育而生。它们一旦适应了新环境，就会以极快的速度发展起来。新的繁荣就在不远处。

复杂多变的地壳运动、宇宙中各天体位置的移动及其运动轨道的变化等因素微妙地影响着生命的演化方向，由此创造了中生代一个相对较长时期的适宜环境，平静柔和是动荡不安变化的必然结果。

二、侏罗纪——巨大的公园

1829 年，法国古植物学家布朗利特在法国和瑞士两国交界的侏罗山研究地质结构与古代植物演化关系时，发现这一地带的地层下部由绿色页岩组成，中部是铁质砂岩，上部由浅色泥灰岩组成，遂以侏罗（Jura）命名了相应的地层和地质年代。

侏罗纪（Jurassic Period）是介于三叠纪和白垩纪之间的地质时代，大约开始于 2 亿年前，到约 1.4 亿年前结束。侏罗纪是中生代的第二个纪，尽管这段时间内的岩石标志清晰明朗，但依然无法判断出该地质时代起止的准确时间。

侏罗纪时期的地球就是一个巨大的公园。那时，森林充分发育，湖泊广泛分布。它们可能由于相互阻隔未能连成一片，但湖与湖之间有河流或小溪贯通。各种鱼类自由自在地畅游其间，恐龙蹒跚漫步在充满生命活力的原始大地上。

整个侏罗纪期间，南半球的冈瓦纳古陆进一步解体。古印度洋的出现使南极洲、大洋洲和非洲离得更远。古大西洋也在这个时期形成，这意味着南美洲与非洲分离了。

侏罗纪初期，阿尔卑斯运动（Alpine Orogeny）就开始了，这

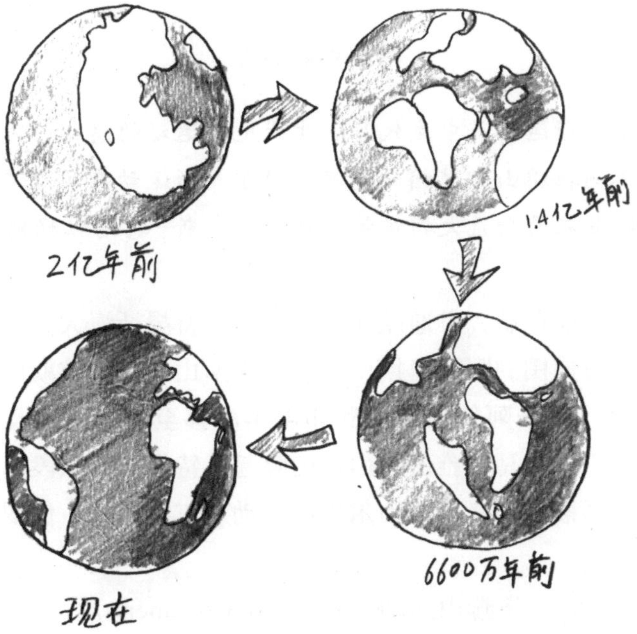

地质运动真的很神奇啊

次地壳运动一直持续到新生代的中期才宣告结束。由于地质学家最先在欧洲的阿尔卑斯山地研究了这次运动，故取名为阿尔卑斯运动。

阿尔卑斯运动

阿尔卑斯运动是中生代和新生代地壳运动的总称。因阿尔卑斯山和喜马拉雅山相继褶皱隆起，阿尔卑斯运动期间沿特提斯海形成的欧亚东西向巨大褶皱带又称阿尔卑斯—喜马拉雅褶皱带。

经过阿尔卑斯运动，贯通欧亚非三大洲的特提斯海大大缩小，形成了现今地中海周围的阿尔卑斯山、比利牛斯山、阿特拉斯山等山系及巴尔干半岛。由于阿拉伯半岛和印度半岛移至亚洲大陆及高加索山、扎格罗斯山、喜马拉雅山等山地的隆起，特提斯海东段消失。世界大陆、海洋形成现今格局。阿尔卑斯运动从三叠纪末、侏罗纪初一直持续到新生代。

这里顺便介绍一下燕山运动（Yanshan Movement）。

燕山运动

燕山运动是晚三叠世到白垩纪时期中国广泛发生的地壳运动。从2.1亿年前左右开始，到6600万年前结束，在地质历史上主要属于侏罗纪末到古近纪初这段时期。在中国许多地区，地壳因为受到强有力的挤压，褶皱隆起，成为绵亘的山脉，北京附近的燕山是其中的典型代表。地质学家把出现在这个时期的强烈的地壳运动称为燕山运动。

燕山运动对中国大地构造的发展和地貌轮廓的奠定具有重要意义。经过燕山运动，长江上游形成了唐古拉山脉，唐古拉山脉孕育了后来的长江。

这时期，特提斯海继续后撤。由于构造背景不同，燕山运动的强度和表现形式有明显的东西差异。大兴安岭、太行山、雪峰山一线以西存在一些相对稳定的大型内陆盆地，如鄂尔多斯盆地、四川盆地、准噶尔盆地和塔里木盆地等。它们在中生代期间几乎连续地接受河、湖相沉积。盆地外围已固结了的古生代地槽带普遍产生基底褶皱。

在大兴安岭、太行山和雪峰山一线以东，构造活动较强烈，燕山运动形成了许多北东向近于平行序列的褶皱断裂山地和大量小型断陷盆地，并伴以岩浆活动。在东南沿海一带，花岗岩侵入和火山岩喷发表现得更剧烈，这些地质构造运动显示了太平洋沿岸地带构造活动的强度加强。经过燕山运动，中国地貌的构造格局已较为清晰。

金梅利亚造山前期和燕山运动，包括新生代的喜马拉雅运动波及的范围，主要是特提斯海和环太平洋地区。这两个地区内的现代高大的山系，如阿尔卑斯山脉、喀尔巴阡山脉、高加索山脉、伊朗沿海山脉、喜马拉雅山脉、南美洲的安第斯山脉、北美洲的太平洋沿岸山系，还包括亚洲大陆东海岸诸岛域与山脉，都是这次地壳运动的产物。

中生代中期以前，在特提斯海与太平洋沿海区范围内，上述各山脉所在地均被海槽和巨厚的沉积物占据。阿尔卑斯运动开始后，非洲板块和南亚板块向北漂移，与欧亚板块相撞；太平洋板块也与沿岸诸板块相撞，使上述各海槽底部产生褶皱，地壳上拱，露出海面，形成山脉，迄今仍有上升的趋势。

这次运动对中国范围内的影响，以东部地区最为显著。从川西高原到东海诸岛，从岭南丘陵到长白山脉，一系列东北—西南走向的山系、盆地及平原就是这期间形成的。同时，由于这次地壳运动，在长江下游的广大地区和中南地区出现了频繁的火山喷发、熔岩流从地下溢出和岩浆侵入到岩层中的情况。特别是福建、浙江、苏南、皖南一带，无数森林和各类动物被吞没，有的被埋葬在火山灰或冷却凝结的熔岩之下，形成硅化木或鱼、介壳类化石。

三、白垩纪——中生代和新生代的分界

白垩纪（Cretaceous Period）处在侏罗纪和古近纪之间，它是中生代的最后一纪，持续了约 7400 万年的时间，即约从 1.4 亿～ 6600 万年前。白垩纪是中生代和新生代的分界，也是显生宙中较长的一个阶段。

1822 年，法国地质学家达洛瓦（Jean Baptiste Julien d'Omalius d'Halloy）在研究英吉利海峡两岸地质时，发现悬崖上露出一套分布稳定、质地细腻、富含钙质的沉积物，当地人称为白垩土，能用来制造粉笔。于是，他将这套地层称作白垩系（Cretaceous System），形成该地层的时间称作白垩纪。

白垩纪期间，冈瓦纳古陆彻底解体，古大西洋进一步扩大，欧洲与北美洲、南美洲与非洲已完全脱离，印度半岛也向赤道漂移，古印度洋比以往更浩瀚。

第五章 新生代的自然地理环境

中生代结束于6600万年前，此后进入了新生代（Cenozoic Era）。新生代包括第三纪（Tertiary Period）[现在一般叫做古近纪（Paleogene）和新近纪（Neogene）]和第四纪（Quaternary Period），我们今天正处在新生代第四纪。

所谓新生代，就是万水千山迅速发展、大陆冰川广泛发育和生物群落面貌焕然一新的时代。

一、海陆分布、气候及生命形态

新生代刚开始的时候，地球上的海陆分布跟现在相差甚远。那时候，古中国和古印度被特提斯海阻隔，古土耳其和古波斯是特提斯海的岛屿，这些陆块和古欧亚大陆并不相连。此时，红海并未形成，古阿拉伯半岛属于古非洲的一角。古南美洲和古北美洲天各一方，而古北美洲和古欧亚大陆有时接近，有时相连。

新生代时期，地表各陆块此升彼降，且不断分裂，在缓慢漂移的过程中相撞结合，逐渐形成了如今的海陆分布。在距今约 5500 万年前，印度半岛与亚洲大陆相结合，喜马拉雅山的耸起发生在 300 万～ 200 万年前，地势抬高对欧亚大陆的气候影响很大，喜欢温暖湿润气候的植物大量死亡，同时出现了新的类型和种群。新疆的三山两盆地也是在这期间形成的。几乎与此同时，欧洲升起了阿尔卑斯山，美洲升起了落基山。

古近纪和新近纪的气候比之前冷，南极大陆在晚始新世和渐新世出现了小型冰盖，而在中新世中期形成的冰盖约为现在的 2/3，北半球在更新世初出现了格陵兰冰盖，此后的 200 万年间发生了多次冰期，因此在几个大陆都发现了冰川。

中生代末期，恐龙灭绝，而隐藏在各个角落的哺乳动物依靠比恐龙更高明的生存本领，充当了历史新纪元的主角。

新生代最重要的标志表现在两个方面。在动物界，哺乳动物开始崛起并迅速发展，成为陆生动物的主宰，所以新生代又称为哺乳动物时代；在植物界，被子植物达到全盛，出现了繁花似锦、果实馥郁的桃源景致，所以新生代也叫做被子植物时代。

哺乳动物取得优势地位已有约6000万年的时间。由于大脑更加进化，它们占据了更多的生存空间。今天，这个家族中智慧最高的人类正在主宰着这个世界，也必将影响未来生命的走向。

二、喜马拉雅运动

1. 一座大山的形成

从古近纪末开始，地球上发生了著名的喜马拉雅运动（Himalayan Movement）。喜马拉雅运动实质上是发生在中生代中期的阿尔卑斯运动的继续（相当于晚期阿尔卑斯运动）。因为喜马拉雅山由于这次运动最终形成而得名。这次运动波及的地区包括特提斯海和环太平洋两带。喜马拉雅运动是地球历史上最年轻也最强烈的造山运动。

中生代早期，喜马拉雅地区还是特提斯海的东延部分。新生代初期，它们已演变为狭长的海槽沉积区。南亚板块自中生代后期从南半球向北漂移，到新生代时已越过赤道，到始新世末，同欧亚板块相撞，撞击运动使海槽结束，板块边缘褶皱成山，这座山就是喜马拉雅山。

这两个板块相撞的结合带大致位于现代的雅鲁藏布江沿岸。今天的雅鲁藏布江大峡谷和青藏高原是喜马拉雅运动留给人类的永久纪念。在那里，除了发现来自地幔上部的超基性蛇绿岩套外，原来生长在冈瓦纳古陆上的古羊齿化石也被带到西藏而遗留下来。

2. 古生物学的证据

说到古生物学与环境的演变关系，我们不得不提到甘肃省和政县。和政县地处青藏高原与黄土高原的交汇地带，20世纪50年代就有化石出土。通过广泛采集和征集，20 世纪末已收集到距今 1500 万～ 1200 万年的铲齿象、三趾马和真马三大动物群化石约 5700 件。和政县化石的发现和研究的重要意义在于，它为人类探寻青藏高原隆起的历史及其古地理、古气候环境提供了最好的资料。通过这些研究，我们就有可能将它们和青藏高原的远古历史紧密联系起来。

关于青藏高原隆起的历史，学术界有三种不同的观点。第一种观点认为，早在 1400 万年前，青藏高原就已抬升到现在的高度；第二种观点认为，早在 800 万年前，青藏高原就抬升到了最高的高度；第三种观点认为，青藏高原是近几百万年来缓慢隆升的结果。这三种观点传达给我们的重要信息是，青藏高原的隆升时间不早于 3000 万年前，而这一时间正好与和政县发现的新生代晚期三大动物群的生活时间相当。

20 世纪以来，在南亚次大陆和青藏高原北部都发现了距今约 3000 万年的巨犀、巨猪和爪兽等古动物群化石。这些发现表明，在 3000 万年前，青藏高原可能还未隆起，生活在那里的巨犀、巨猪和爪兽等动物可以自由往来。

中新世初，和政县气候温暖湿润，湖泊星罗棋布，河流蜿蜒交错，草木茂盛，鸟语花香，是远古时代各种动物繁衍生息的好地方。后来，由于受到青藏高原隆升变迁的影响，气候逐渐变冷，环境日益恶劣。地壳运动和环境演变的共同结果，创造和保存了今天和政县珍贵的古脊椎动物化石。

距今 1500 万～ 1200 万年，昔日自由往来的动物被渐次隆起的青藏高原所阻隔。在和政县地层中，人们发现了大量的铲齿象动物群化石，而在高原南侧的印巴次大陆，至今没有发现它们的任何踪影。这一迹象表明，青藏高原当时可能已经隆升，不断抬高的地势阻隔了动物的迁徙和交流。

和政县地层中沉积的铲齿象、三趾马等古动物群化石表明，在 1500 万～ 1200 万年前，青藏高原还是气候温暖、水域广阔、森林繁茂、适合这些动物生存和繁衍的地方，到了距今 1200 万～ 500 万年时，青藏高原已变得干冷，森林退化成了草原，整个气候环境也已经发生了巨大的变化。

和政古动物化石博物馆是我国唯一一座古脊椎动物化石博物馆。收藏于博物馆的古动物化石中，距今1300万年的铲齿象动物群和距今1000万年的三趾马动物群约占60%，在中国甚至在整个欧亚大陆，和政县的铲齿象动物化石都是最丰富的，其数量超过了美国纽约自然历史博物馆和北京自然博物馆的馆藏，三趾马化石储量和已采集的头骨化石标本数量均为欧亚大陆之首，超过了世界上最著名的三趾马动物群产地皮克米和萨拉摩斯，以“和政”命名的“和政羊”化石是世界上唯一的种属。

3. 奠定新的地理轮廓

新生代是一个有着激烈的火山活动和板块运动而使地质结构发生猛烈变化的时代，也是一个地势隆起的时代。目前，自地中海到喜马拉雅山及环太平洋的高山和岛屿大都是喜马拉雅运动的产物。

例如，亚洲的喜马拉雅山系，欧洲的比利牛斯山、阿尔卑斯山、喀尔巴阡山，北美洲的落基山及南美洲的安第斯山等都在这次运动中上升为世界上最年轻的褶皱山脉。中国的台湾岛及日本列岛、菲律宾群岛等相继从海中浮出。这个时期，地球的轮廓跟今天差别不大。

现今青藏高原上众多的湖泊可能就是那个时代环境演变的产物。在新生代初期，喜马拉雅山地附近也许是一些相连或零散的小岛，在一个正在变浅的海域中遥遥相望。海平浪静，阳光灿烂，当时的气候对生命也许是非常适宜的。远不像今天青藏高原的气候那样恶劣。

喜马拉雅运动使青藏高原不断地隆升出来，形成了一个特殊的生态环境，再加上频繁交替的冰期，使气候干燥阴冷，雪线下降，冰川面积增加，湖泊萎缩，冻土层广布，等等。这对于迫使猿类改变生活习性，并逐渐向人类过渡也许是一个至关重要的因素。

从这个意义上说，那里也许是人类最早起源的地方。著名考古学家贾兰坡（1908—2001）先生在《中国大陆上的远古居民》一书中说过的一段话对我们有很大启发。他写道：

森林里长不出敏捷的民族。较高等的人类，也不可能从河滨洴湿多草木果实的地方崛起。只有高原和比较平些的高地上，生活最艰难，受刺激而起的反应最有益。……不能小看青藏高原这块地方。今天那里山高谷深，白雪皑皑，可是当地质时代的第三纪并非如此。……青藏高原从上新世起，平均每年以0.025～0.03厘米的速度上升，上升速度自更新世以后最为显著，到现在至少上升了3000米。这就给我们很大启发。正当从猿转变到人期间，青藏高原地区仍然是适合人类演化的舞台，到那里寻找从猿转变到人的缺环也是很有希望的。

在世界范围内，喜马拉雅运动奠定了各大洲的轮廓、地势和山系等基本地貌，由此而影响到气候和生物的演化。据考证，新生代初期，地球气候极其寒冷严酷，以后渐渐暖和起来，直到新的繁荣阶段。而后环境又趋于恶化，曾有过一个极度寒冷的时期——冰河时期。现代人大约就是以冰河时期为出发点逐渐发展起来的。这是后话，暂且不论。

大约在200万年前，地球历史跨入了新生代第四纪的门槛，直到今天。新生代第四纪又分为更新世（Pleistocene）和全新世（Holocene）。

更新世约距今260万～1万年。更新世也被称为洪积世，是英国地质学家赖尔（C. Lyell，1797—1875）在1839年提出的。1846年，福布斯（E. Forbes）又将其称为冰川世（Glacial Epoch）。更新世是冰川作用非常活跃的时期，出现了几次冰期的最高峰，此时全球有30%以上的陆地面积都被冰川覆盖着。

冰川

冰川是指大量冰块堆积形成的地理景观，远远看去如同河川。冰川多出现在终年冰封的高山或两极地区。两极地区的冰川也叫做大陆冰川，覆盖范围较广。冰川是地球上最大的淡水资源，也是地球上继海洋之后最大的天然水库。

学术界有一种说法，叫做“冰川是气候的产物”。在冰川时期，地球的气候非常寒冷，冰川几乎覆盖了地球上高纬度的广阔区域。最近的冰川时期出现在距今260万～1万年前。人们普遍认为地球历史上共经历过六次冰川期、五次间冰期。研究发现，日本出现过两次冰川期，最显著的发生于石炭纪和二叠纪，冰川遗迹残留至今。另外，欧洲和美洲都曾发现了寒武纪、中生代及古近纪和新近纪的冰川遗迹。

全新世约从1万年前开始，直到今天。全新世是地质年代中最年轻的时期，这一时期形成的地层被称为全新统，它在所有的地层之上。全新世的时间很短，沉积物厚度较小，但分布很广。在全新世，地球的气候普遍转暖，中、高纬度的冰川都大量消融，海平面在这个过程中迅速上升，喜暖的动植物便逐渐向高纬度和高山上迁移，全球的自然地理环境也开始发生改变。

三、撒哈拉今昔

在远古时代，今天的撒哈拉沙漠还是一片一望无垠的大草原。零星的丛林和略微退化的植被相伴着蓝天、白云和太阳，远不像今天那样给人以荒寒和绝望的感觉。地质学和古气候学专家研究认为，撒哈拉地区是在人类历史开始之前不久，才由于冰川的后退而变得干旱起来的。

一种普遍接受的观点是，当海平面下降时，大陆上很大一部分面积都成为冰川所覆盖的地区，不适合人类居住，但是大陆架及今天广大的沙漠则成了适合人类居住和生活的地区。当海平面升高时，低地都被淹没，两极地区则适合人类居住，沙漠地带通常变得更加干旱。

据考证，远古时代，撒哈拉地区气候温暖、湿润，曾经是一个牛羊成群、鸟儿低吟、鱼儿众多的地方，先后出现过旧石器时代文明和新石器时代文明。后来，由于地球环境变化，特别是气候的影响，撒哈拉地区才逐渐向沙漠化方向过渡。生活在那里的大多数居民才被迫离开了。

今天，撒哈拉沙漠中仍有许多小块绿洲。在那里，高大的枣椰林郁郁葱葱，成群的牛羊、骆驼在安静地吃着草，在绿洲中的小河边或湖泊畔散布着一些居民点，他们悠闲地打发着沙漠里寂寞的日子。

撒哈拉沙漠里的动植物虽然不多，但都有耐旱的本领。植物根系发达，能从土层深处吸收水分，而且它们的叶子很小甚至没有叶子。仙人掌浑身是刺，这种结构有利于储存水分。动物也都设法减少水分的消耗。例如，骆驼吃饱喝足后可以连续十几天不吃不喝地赶路，沙鼠只要吃些干燥的种子就能活命，蛇类等动物常常通过夏眠度过漫长、炎热、干旱的夏天。

考古学家在撒哈拉沙漠腹地发现了许多洞穴，从洞穴岩壁留下的壁画上辨认出了成群的长颈鹿、羚羊、水牛和大象的生存场景，还有人类在河水中荡舟、猎人执矛追杀狮子的场面，壁画中的赛法大神则是当地民众的丰收神，象征着六畜兴旺的太平景象。

人们发现了茫茫黄沙底下埋藏着的古代山谷与河床。地质学家通过实地考察发现，沙漠下面的土壤良好，那里还有古代撒哈拉人丢弃的劳动工具和生活用品。他们生活的年代约在 20 万～ 1 万年前。

今天，人们已经比较清楚地认识到，地球上一定有一个时期，北半球的大部分地区都被巨大的大陆冰川所覆盖。冰川所留下的沉积物告诉人们，冰川已经四进四退。当冰川扩展时，世界的气候就变得比较潮湿和寒冷。当冰川退却时，会留下一些湖泊，这样的湖泊就叫冰蚀湖（Glacial Erosion Lake），北美洲的五大湖就是这样形成的。同时，冰川的退却也会带来全球气候的干燥和温暖。

因此，一个重要原因是，地质历史的周期性演化改变了撒哈拉地区的古气候环境，年均降水量由 300 ～ 400 毫米下降到几十毫米，先是局部地区的沙漠化，然后节奏逐渐加快，沙漠不断蚕食周边的绿洲，最终将非洲 1/3 的土地吞没了。

第六章 地质的诗篇

地质运动本身就是一首壮丽的史诗，它有时候激烈，有时候沉寂。只要时间足够长，它就会以面貌一新的景观创造出自然的奇迹。

也许有一天，一座孤岛会突然消失不见了，茫茫海洋也蒸发殆尽，曾经是生命天堂的地方有可能变得寸草不生。虽然我们很难看到推动海陆互换位置的神奇力量，但它确实存在，它隐藏在自然背后。

一、歌声渺茫

世界地图中的七大洲好像具有结构上的某种联系。它们很像一件穿旧磨破的衣服，又被剪成了若干碎片。最明显的是，南美洲东岸巴西的凸出部分与尼日利亚下方的非洲西海岸，竟然能够很好地拼合在一起。这在一定程度上暗示我们，大陆似乎曾一度连为一体，后来由于某种原因才远离开来。

另一个值得注意的现象是，南美洲与非洲的古动物群也有很大的相似性。这确实是不可思议的。一般来说，相同生物越过大洋深入到遥远的古老大陆是不可想象的。在地质历史上，在生命历史上，这仅仅是一种巧合还是有更深层的原因呢？诸如此类的现象还有很多。比如，南美洲的大冰原（Ice Sheets）沉积物看上去与非洲、印度半岛和大洋洲南部的冰川沉积物是连成一体的，它们看起来好像是同时经历了一次大陆冰川（Glacier）作用。大陆漂移（Continent Drift）的思想就是对这一系列现象深入思考的结果。我们现在把它叫做板块构造理论（Plate Tectonic Theory）。今天人们都知道，大陆正在移动，而且从来没有停止过。

时间像一把坚韧的凿刀，无时无刻不在雕蚀着一切，陆地改貌、山川变形、河水断流、湖泊枯竭等。在这一系列轰轰烈烈的自然现象背后，隐藏着一种必然的规律，需要人类去认真地解读。

中国东晋的道教学者、著名炼丹家、医药学家葛洪（字稚川，自号抱朴子，公元284—364）在他的《神仙传·麻姑》里记载了这样一则神话故事：

有一天，仙女麻姑跟另一位仙人王方平相遇。麻姑说："我已看见东海三次变为桑田。前次到蓬莱，海水比现在浅了一半，看来东海又将要变为陆地了。"王方平笑着回答："是啊，圣人也说海中又要扬起尘土了。"

从此以后，"沧海桑田"这个成语就广泛地流传开来，成为人们形容山川景物变化和世事沧桑的重要词语。但是沧海桑田并不是浪漫的想象，而是有根有据的符合自然历史发展的事实。远古时期的自然地理及气候的变迁很复杂。在震旦纪早期，地球的很大部分都成了极地世界。那时候，冰川充分发育，巨大的冰川覆盖着大地。

回过头来看看我们今天的世界。在有限的地球上，荒漠化和沙漠化面积在以人类能够感觉到的惊人速度扩大，这种变化不知比远古时代沧海桑田的变化要快多少倍。

据说，人类的口传记忆能够达万年以上，人类的感觉系统更是十分发达。笔者想起了十分神秘的亚特兰蒂斯（Atlantis）文明（即大西洲文明）。2000 多年前，比孔子（公元前 551—前 479）晚 100 多年的古希腊哲学家柏拉图（Plato，希腊文 Πλάτων，公元前 427—前 347）在他的《提迈奥斯》中详细记载了远古时期的亚特兰蒂斯文明。

大西洲的位置据说就在今天大西洋亚速尔群岛附近的大洋底部，从希腊的克里特岛坐船向西航行 3 ～ 4 天，出了直布罗陀海峡（Straits of Gibraltar）再航行 3 ～ 4 天即可抵达。

在地理上，这正好是一段直线距离。也许是季风的关系，从茫茫大洋西部偶尔刮来陌生人种用过的东西，使古代的北非人和南欧人隐隐约约地知道他们西面的大洋中可能有发达的文明存在。那些深怀着寻求伊甸园信念和乌托邦理想的海上冒险家们受此启发而向西航行，最终找到了这个地方，并把可靠的信息带回了故乡。

柏拉图住在地中海的东面，他肯定是相信了人们的口传记忆才给我们留下了如此神秘的记述。他在《提迈奥斯》中这样写道：

大西洲原本是一个美丽富饶的岛国，坐落在直布罗陀海峡以西的大西洋中，那里阳光明媚，空气清新，气候温和，树木茂盛。人们以种植和采摘为生。大西洲居民在岛上建立了富丽堂皇的宫殿和庙宇。后来，大西洲人思想败坏，道德沦丧，良心失尽，因而激怒了天神，终于在一次大地震和洪水中，将大西洲沉入海底。

柏拉图还特别强调，这个文明比他早9000年，而且这段历史来自历代口传，并非虚构。据说最早是雅典著名政治家梭伦（Solon，公元前638—前559）从古埃及听说的。为了证实这个传说，柏拉图爬高山涉深水亲自去了一趟古埃及。柏拉图把一个遥远文明记述得有鼻子有眼儿。

要不是21世纪的考古发现，人们很难相信柏拉图的记述。考古学家在大西洋的亚速尔群岛附近鉴定了800米深的海底岩芯，发现那里在12 000年前确实是一片陆地，水下摄影所得照片中，隐约有古代建筑物的残垣断壁。

一切存在都有可能在一瞬间消逝在历史的屏幕上，包括花草树木、生命的嚣声，更无须说人类本身了。如果大西洲文明确实存在过，应该有某种物证。那些仍然沉睡在深海底部的石头砌成的“诗行”静待着人们去发现和解读。

笔者想起了几度沉浮的特提斯海，碧波万顷的地中海曾经一度是白沙覆盖的荒漠。这已成为科学史上的重大发现。西非的撒哈拉、中国的罗布泊和居延海等今天已成为沙漠或荒漠化的地方，它们曾经就是类似于大海的湖泊。它们是那个时代生命的真正故乡，一个让人浮想联翩、略感悲伤的伊甸园。这类可比的事件实在是太多了。关于沧海桑田的感觉更深地刻印在了我们的记忆中。

海水一波一波地荡过，沙粒一抹一抹地飘来。高山侵蚀，大地塌陷，湖水干涸，日月星辰如此不舍昼夜地运转着。今天，我们周围某些盐湖点缀的地方在远古时代无疑呈现为一幅水波浩渺的美丽盛景。它们点缀着地球的表面，提供了一种令人难忘的记忆。

二、海陆变迁

地壳主要由两类岩石组成。一类是玄武岩（Basalt），另一类是花岗岩（Granite）。一般来说，密度较小的花岗岩“漂浮”在玄武岩上而形成大陆。在花岗岩特别厚的地方则形成山岳，在一些地方，花岗岩山岳深深地扎根在玄武岩中，当山体由于自然侵蚀作用而缓慢消损时，扎根其中的花岗岩就会逐渐向上浮起，山势的均衡正是由于这种自行调整作用而得以保持的。据说美洲的阿巴拉契亚山脉的花岗岩根已经差不多完全从玄武岩中拔出来了。

花岗岩“漂浮”在玄武岩上面这一现象，很容易让人想到“大陆漂移”的可能性。但大洋和大陆下面的玄武岩实在是太坚硬了，大概是不会允许大陆花岗岩从它上面“漂移”的。

但大陆漂移现象确实存在，现今的格陵兰岛仍然以每年约 1 米的速度向离欧洲越来越远的地方漂移。

海陆的形成和漂移问题一直被地质学家所关注。针对这一问题，他们提出了很多学说，其中大陆漂移学说、海底扩张学说和板块构造学说被称为地质学界的三大学说。

20 世纪初，德国地质学家魏格纳（A. L. Wegener，1880—1930）在研究世界地图时发现，南美洲巴西的凸出部分和非洲喀麦隆海岸的凹进部分非常吻合，这一发现让魏格纳十分吃惊。后来，他又从一本论文集中看到了与此相关的解释。这篇文献说，根据古生物所提供的证据，巴西与非洲之间曾经有过陆地相连的情况。

惊异过后，魏格纳想深入地了解海陆的变迁。他广泛地查阅资料，细心地进行研究，在此基础上孕育了他的地质学新理论。魏格纳的思想开启了关于地壳性质及其内部运动的新见解。特别重要的是，魏格纳设想，在地壳形成过程中，大陆块曾经发生过显著的水平移动，这种移动一直持续至今。

根据魏格纳的思想，很多年前，南美洲和非洲是连接在一起的一个完整的大陆块，到了白垩纪，这个大陆块开始分裂，在此后的几千万年时间里，它们就像漂浮的两座冰山那样渐行渐远。北美洲和欧洲也经历过同样的运动过程。纽芬兰附近和爱尔兰北面那些支离破碎的海陆形貌肯定会激发你无穷的想象力。它们和格陵兰曾经属于一个板块，直到白垩纪末，格陵兰才从其中独立出来。

魏格纳的思想中也把被浅海淹没的大陆架（也叫大陆棚）当做陆块的一部分。大陆架其实就是在海底地形中最靠近陆地的那一部分，其深度一般以 60 米为限。

在侏罗纪初期，南极大陆、大洋洲大陆、印度半岛和南部非洲是连在一起的完整大陆，它们与南美洲连接成了巨大的大陆块。此后便开始分裂。侏罗纪末期，印度半岛与大洋洲分离。到白垩纪、古近纪、新近纪时，这些陆块已经四分五裂。白垩纪末期，印度半岛与马达加斯加岛分离，此后不断向亚洲靠近。

在印度半岛向亚洲板块靠近的过程中，与亚洲板块的连接部分一再压缩褶拢，形成了现今世界上最大的褶皱山脉——喜马拉雅山脉。所谓褶皱，就是岩石在地质构造运动中出现的弯曲，地质构造的连续性并没有受到破坏。其轴部是弯曲的中心，轴部的两侧为翼部。陆地的地貌形态深受褶皱影响。地球上绝大部分山脉是褶皱山脉。

地球的另一端，南北美洲板块在向西漂移的过程中，受到了冰冷且坚固的太平洋底的阻隔，其前缘部分便褶拢为从阿拉斯加延伸到南极洲的安第斯山脉。科迪勒拉山系是世界上最长的褶皱山系，属于中生代至新生代时期的褶皱带。其北起阿拉斯加，南至火地岛，纵贯南北美洲大陆西部，长约 15 000 千米。其地壳活动一直持续至今，是火山地震的多发地带。科迪勒拉山系的安第斯山脉是世界上最长的山脉，从北到南约 8900 余千米，纵贯南美洲大陆西部，安第斯山脉也被人们称为南美洲的脊梁。

1912 年，魏格纳提出了一个惊人的观点。他认为，现在的所有大陆起初是一整块花岗岩。他把这块大花岗岩叫做“泛大陆”。在地球历史的某个早期阶段，地壳运动使这个大陆解体分离，最终产生了今天的大陆格局。中侏罗世之前，北美洲一直和欧洲连在一起。南方大陆曾经是冈瓦纳古陆的一部分，它后来分裂成了五部分，即南美洲、非洲、大洋洲、南极洲、印度半岛和阿拉伯半岛。所有的南方大陆具有相似的二叠纪植物群，都发现了一种叫舌羊齿属（*Glossopteris*）的植物。这是冈瓦纳古陆开始破裂并逐渐漂移而分开的重要证据。

不论是过去还是现在，形成大陆漂移的动力问题一直没有完全解决，但大陆漂移、褶皱、断裂、火山作用、海进和海退、地极的移动一直存在并相互关联着。

大陆漂移学说是地质学史上重要的转折点，也是地质学理论发展的全新基点，这一学说为后来的海底扩张说和板块构造说奠定了坚实的基础。

大陆漂移的最新观点是美国地质学家赫斯（H. H. Hess，1906—1969）在 1960 年提出的。他认为，地幔中的熔融物质可能会向上涌。例如，地幔中的熔融物质沿着大西洋纵向展延的一些裂缝向上涌，然后在靠近地幔顶部的地方被推向一旁，并在那里冷却和凝固。大洋底部正是由于这一作用而被扯裂张开了。由此看来，隐藏在大陆漂移背后的力量是海底的扩张。有关理论发展在后面有专门章节论述。

泛大陆的存在有很多证据。据推测，在二叠纪（约 2.5 亿年前），这个泛大陆还相当完整。从现今地球上动植物的演化和分布情况来分析，泛大陆大约是在三叠纪才开始明显破裂的。

当时它破裂成了两部分。

第一部分包括今天的北美洲、欧洲和亚洲，一般称之为“劳亚古陆”，也叫北方大陆，是在三叠纪以前存在于北半球的古陆总称。劳亚古陆的范围很广，除了阿拉斯加和亚平宁半岛外，它几乎包括了北美洲和欧洲的其余地区及亚洲的大部分地区。

在古生代，劳亚古陆就已经存在，但显得支离破碎，到了二叠纪晚期，由于海西运动才形成统一的大陆。到了中生代和新生代，劳亚古陆开始分裂，逐渐形成北美洲、欧亚大陆等和北大西洋。

第二部分包括今天的南美洲、非洲和印度半岛，一般称之为“冈瓦纳古陆”，也叫南方大陆。它是地球历史上存在于南半球的古陆总称。冈瓦纳古陆是以印度中部的一个叫做冈瓦纳的地区命名的。在二叠纪，南美洲、南非洲、马达加斯加、印度半岛、大洋洲和南极洲大陆连接在一起，形成了一个范围很广的大陆，这就是冈瓦纳古陆。

冈瓦纳古陆大致包括非洲、南美洲、南极洲的大部分地区、大洋洲、阿拉伯半岛及印度半岛，这些地区原来是连在一起的统一大陆，在古生代早期基本上都已露出海面。那时的印度半岛邻近遥远的南极洲大陆。现在人们已经知道，当时的这块大陆上有大冰川，冰川中夹带着漂砾岩和盘岩，由于冰川流动而造成的擦痕至今仍然依稀可见，由此我们甚至可以推测出冰川的流向。

在冈瓦纳古陆上，寒冷气候造就的古代舌羊齿植物十分繁茂。因为是落叶树，所以冬天枝叶零落，一派萧瑟景象。对那一时期化石的研究表明，在冈瓦纳古陆上，99% 的植物都具有舌羊齿植物特性。由此可见，这类植物在当时极为繁盛，充分说明了这个地方气候的特殊性。

冈瓦纳古陆在中生代开始分裂，到了白垩纪末，就已分裂成了现在的印度半岛、非洲、南美洲、南极洲和大洋洲等大陆。

如今，冈瓦纳古陆已四分五裂，但我们可以推测，只要能采集到舌羊齿植物化石的地方，就曾是这块古陆的一部分。印度半岛盛产舌羊齿植物。早在 19 世纪初，人们就已经十分肯定，印度半岛曾是冈瓦纳古陆的一部分。但是让人惊讶的是，最近中国的古植物学家在现在的喜马拉雅山脉的北侧也采集到了舌羊齿植物化石。这说明，至少构成现在的喜马拉雅山脉的那片地域，在 2 亿年前曾是南半球的冈瓦纳古陆的一部分，也就是说，印度半岛北上已达数千公里之遥。

即使在侏罗纪，地球上的海洋仍然主要被陆地分为两大块，不过这两个海洋已经深深地嵌进了古陆的腹地，通过一个类似于海峡的裂口相连。这个时候的冈瓦纳古陆从南到北已经裂开了一条很深的缝隙，海水的波浪缓慢而有序地涌动着，很像一条天然的河流。

此时的恐龙也正由极盛而走向衰落，始祖鸟已经在天空中飞行，那时还没有人类，连猴子也没有，只有各种鱼类和其他海洋动植物生活在深海里。

到了白垩纪末，曾经盛极一时的恐龙已踪迹全无，地球的自然环境发生了深刻的变化，哺乳动物开创了一个生命重新繁荣的新时期。这个时候，南美洲已经向西漂移了几千千米，远远地离开了非洲，北美洲从劳亚古陆中脱颖而出，大洋洲也与南极洲分开。今天的印度半岛则向东漂移，并跟南亚大陆碰撞在了一起，这种板块运动引起的古陆挤压，最终导致了地脊隆起和造山运动。世界屋脊青藏高原和喜马拉雅山等高大山脉就是这么演化而来的。

地质结构和地壳的许多重要特征都源于永不停息的板块运动。当相互分离的两大板块缓慢地相遇时，地壳就会向下弯曲或向上隆起。但是当互相靠近的板块碰撞得太猛烈，在一个相对较短的时间内来不及发生弯曲或隆起时，就可能形成板块的重叠或下沉，深海海沟、裂谷、大洋群岛和各种火山大概就是这么形成的。

海底扩张释放出了一种巨大的能量，在这一持续不衰的自然力量的作用下，新的海域正在形成，深海中的孤岛也许会离我们越来越远。已有证据表明，全球性的大陷落裂谷正好从冰岛西部经过。冰岛目前正在被推开，但速度十分缓慢。再来看红海两岸的地形地貌，我们不难得出它们曾经连为一体的推论，这是由于海底扩张使非洲和阿拉伯半岛逐渐推离而形成的。目前，这种推离过程依旧在不停地进行着。由此看来，说红海是一个很年轻的海也是一个正在形成的大洋应该不成问题。据说，红海底部某些地方的水温高达 50 ～ 60℃，其含盐量也是正常海水的五六倍。这正是红海中地下岩层运动十分活跃的重要标志。

有孔虫（*Foraminifera*）是一种微小的单细胞动物，这些浮游在海洋表层的动物一旦死去，它们碳酸钙质的外壳就沉落到海底。那些多得无法计数的微细浮游植物的遗骸是沉浮于海水中的单细胞植物，它们骨骼中也含有一定数量的碳酸钙。

大洋底层是这些原始细胞生物的天然坟场，在地质历史漫长时光的流逝中，无以计数的原始细胞生物一批又一批地走到了生命旅程的终点。它们腐蚀的躯体构成了大洋软泥（oceanic ooze）的主体，它们一层又一层地沉积着，之后又随着海底扩张运动的进行而成为遥远陆地的一部分。

三、古海沉浮

随着泛大陆在2亿年前的分裂，欧洲和非洲之间由于渐渐张开而形成了一个海洋，这就是著名的特提斯海。它是古代世界著名的海洋之一。特提斯是古希腊神话中地母盖亚的女儿。将一个神话般的名字赋予古老浩瀚的海洋，可见人类对那个已逝世界神秘景致的痴情和迷恋是多么深刻。

特提斯海大约从元古宙晚期开始形成。当时，地球上出现了有史以来的第一次大冰期。今天，在南半球的一些地方、欧洲北部、北美洲及亚洲北部等地都可以见到那时冰川作用遗留下来的痕迹，当时的陆地面积虽然比太古宙有所扩大，但仍以岛屿形式存在。

特提斯海默默无闻地走过了古生代和中生代，这个漫长时期主要是海区的沉积时期（sedimentary period）。在古近纪和新近纪走过将近一半路程的时候，由于阿尔卑斯—喜马拉雅运动（Alpine-Himalayan Movement），地层发生了大规模的褶皱和断裂作用，现代的阿尔卑斯—喜马拉雅山系由此而隆起形成。今天的地中海只是特提斯海的残留海域。

特提斯海的范围从非洲西北部的摩洛哥和欧洲的西班牙起，经过地中海及其南岸的阿特拉斯山，北岸为阿尔卑斯山、黑海、高加索山脉、伊朗高原，东至我国的青藏高原、横断山脉、印度半岛，甚至远达印度尼西亚的诸岛屿。它大致是一个东西极长、南北参差不齐的海洋，呈长形带状分布。在地质历史上，特提斯海曾经是劳亚古陆和冈瓦纳古陆的分界。

特提斯海与中大西洋的裂开几乎同时出现。大约在 1.5 亿年前，非洲就脱离了泛大陆，但欧洲仍然与美洲紧紧地连为一体。一度是浩瀚无际的特提斯海在持续不断的地壳运动和海底扩张作用下缓慢地缩小着。现在却只留下了一个继续缩小和变浅的地中海，它那昔日迷人的风姿仅能通过研究阿尔卑斯山的岩石而依稀可辨。那些冰冷的褐色岩石就是当年特提斯海的沉积物。

特提斯海的辉煌已不可觅，我们只能从夕阳永恒的光环里感受时光消逝的痕迹。那么，再把目光移向特提斯海消逝后留下的最后纪念——地中海。

大约在 2000 万年前的中新世（Miocene）早期，地中海还是一条联通印度洋和大西洋的宽阔海路。汹涌的海浪拍打着寂寞的沙岸，年复一年地重复着同样的梦境。在那些单调如土窑洞里转动的石磨的远古遗音中，生命周而复始。创造，然后是消逝，这就是历史，这就是自然运作的终极目的。

此后，非洲板块和欧亚大陆开始了碰撞，阿拉伯半岛的地质结构变得更加复杂，一系列岩石山脉相继形成，地中海和印度洋因此被隔开。这已经到了 1500 万年前。

这个时候，地中海和大西洋也仅靠两个狭窄的海峡相连。一个是西班牙南部的贝蒂克海峡，另一个是摩洛哥的里菲海峡。地中海几乎变成了一个巨大的湖泊，阳光的直射作用造成海水大量蒸发，水域面积不断缩小，生态环境日趋险恶，生存危机日益加深，生命之歌不再浪漫。成群的海洋生物被死亡的阴影笼罩着，它们艰难地挣扎在绝望的海水里。

大约到了中新世中期，直布罗陀还是一道地峡，阻隔了大西洋和地中海之间海水的流通。封闭的地中海海水年复一年地不断蒸发，海域面积进一步缩小，盐度明显增大。盐度增大的地中海海水越来越不适合海洋生物生存。地质学上把其叫做墨西拿盐度危机（Messinian

Salinity Crisis）。

古生物学研究结果表明，在中新世末期，欧洲大部分地区的气候普遍干旱。当时，阿尔卑斯山地的大片森林已退化成了广阔无垠的草原，一些地方的荒漠化程度还很严重。

当时的植物种属和分布形态也不可避免地受到了巨大影响，这是一种与局部气候变化有密切关联和协同作用的演化进程。环境的变迁既可以灭绝旧有的物种，也可以为新的物种创造生长条件。

古生物学家普遍认为，逐渐加剧的干旱和森林的退化，可能是导致灵长动物进化的重要因素。大约在中新世刚刚结束、上新世刚刚开始的时候，非洲大陆上出现了最早的猿人。

在地质历史上，大型内陆海的消逝可能不是一个绝无仅有的事件。世界各地分布着的巨厚盐层暗示我们，也许还有另外几个干涸了的大洋。北欧著名的察希斯坦系（Zachstein）盐层可能就是在 2.5 亿年前干涸的一个内陆海的遗迹。北美洲的艾伯塔（Alberta）和萨斯喀彻温（Saskatchewan）钾盐矿床也有十分相似的成因。在石炭纪以前，它们还是碧波荡漾、一望无垠的大海。

由此看来，青藏高原上分布众多的盐湖也可能是远古海洋姗姗撤退后留下的，这个远古海洋就是著名的特提斯海。从以上实例中我们不难理解，盐类沉积作用与地质结构变化及环境变迁的联系是多么紧密和深刻。

到中新世末期，直布罗陀只是一个单向流进的大瀑布。当时从大西洋流进的海水远远不如从地中海蒸发的多。有限的水域只够维持生命最基本的生存条件。生命大迁徙和种族大灭绝是一个时代的绝世音响。昔日的繁荣已不可觅，只留下了丝丝遗音在天边，在海底、荒漠、阳光的边缘徘徊。

到上新世（Pliocene）刚开始的时候，直布罗陀地峡如注的水势形成了一个巨大的瀑布。科学家推测，这个大瀑布的年均水流量大约是 4 万立方千米，比当今世界上任何一个大瀑布都要壮观千百倍。这个大瀑布持续了 100 多年才把荒漠般的地中海装满。

这也是上新世开始时地球上最壮观的一幕：河水倒灌田野，盆地一般的地中海最终又和大西洋水域相连，生命互补的航道再次打开，那里重新变成了一个海洋生物可以滋生繁衍、悠悠度日的好地方。自那时起，地中海中庞杂生物的家族及其后裔一直生活得相当舒适。时至今日，它们中的许多种类仍无忧无虑地生活在那里。

大约10万年前，世界的地理轮廓大体上与今天一样。地中海已有了与今天相似的海岸线。里海比今天更加宽阔，与黑海连在一起，一直浸及高加索山脉的北部。今天变成一片草原和沙漠的中亚沿海地区，当时却是美丽富饶、适合居住的地方。更新世末，欧洲东部是多沼泽湖泊的地区，今天连接美洲和亚洲大陆的白令海峡，当时还是一片陆地。

科学考察发现，地中海现代海洋生物与地中海上新世海洋生物的化石非常相似，而与墨西拿盐度危机期间消逝的中新世动物则明显不同。

地中海岛屿在上新世洪泛后与大陆突然隔绝，极有可能使困留在这些岛屿上的生物群落发生近亲繁殖，走向土著化。比如，马略卡（Mallorca）岛和梅诺卡（Minorca）岛上的矮种羚羊，就是由于巴里阿里群岛在500万年前直布罗陀大瀑布出现和海水倒灌而与大陆脱离，才变成今天这样的。

随着海水在上新世重返地中海，欧洲的气候才又变得湿润和寒冷，并且开始进入一个冰期时代。

第七章

穿越有限时空
——古希腊和古罗马时期的地理学

从《荷马史诗》开始，古希腊的地理学思想就已经萌芽，经过柏拉图、亚里士多德的努力，“地球是圆形的”这一概念逐渐深入人心。

埃拉托色尼是第一个为地球量身的人；托勒密的《地理学指南》开创了地理学研究的新篇章；古罗马时期的地理学家斯特拉波的研究触角已经涉及自然地理学和人文地理学，他的著作《地理学》为后来的地理大发现提供了很多有用的信息。

一、古希腊的地理学思想

《荷马史诗》里有古希腊最早的地理描写。《荷马史诗》是公元前 10 ～前 8 世纪的作品。有人认为盲诗人荷马是传说中被构造出来的人物。

《荷马史诗》包括两部历史性长篇叙事诗：一部叫《伊利亚特》，记述了公元前 1280 ～前 1180 年 100 年间特洛伊战争的一段情节；另一部叫《奥德赛》，叙述了足智多谋的英雄奥德修斯在特洛伊城陷落以后回到家乡伊萨卡的艰险经历，奥德修斯的船队被风暴吹离航线，在遥远地方漫游了十几年，经过了许多自然风光神奇的地方。

虽然《荷马史诗》中的许多内容都具有神话和传说色彩，但它们都植根于古希腊那片大地，史诗记述的地理方位不会差得太远，从中可见古希腊地理学的影子。

公元前 6 世纪，哲学家毕达哥拉斯制定了天体圆周运动的数学法则。公元前 5 ～前 4 世纪，两位伟大的古希腊哲学家为地理学的发展做出了贡献。一个是柏拉图，他提出了“圆形地球”的概念，创立了“地球中心说”；另一个是亚里士多德，他的地球圆形概念基于一种间接观察和推测。

生活在那个时代的大多数人，从自己的直观感觉出发，都会认为地球是平的。作为哲学家的柏拉图却对此提出了质疑和否定。

柏拉图是演绎推理大师，他认为，地球上一切可以观察到的事物只是一种表象，与理念无关。在柏拉图看来，对称的形式是完美的属性之一，人类居住的地球也应该用最完美的形式创造出来，所以它一定是球形，因为球形是最美的，也是最对称的图形。

与柏拉图不同，亚里士多德从特殊到一般来进行推理，即采用归纳法来观察分析事物。他从很多观察到的事实中证明地球是圆的。亚里士多德提出地球上人类可居住性同纬度有关。离赤道越近的地方越炎热，离赤道越远的地方越寒冷。所以，人类的宜居之所是有一定选择的。

地球真的是圆的吗？但当时谁也没有看见过。

二、为地球量身——埃拉托色尼的故事

埃拉托色尼（Eratosthenes of Cyrene，约公元前276—前193）被称为“地理学之父”。他创立了“地理学”（geography）一词。“地理”的原意是“地球描述”。后来的德语、法语、英语、俄语中的“地理”都借用此意。埃拉托色尼一生中最著名的工作是相当精确地测定了地球的周长，由此他是地理学史上一个绕不过去的人物。

埃拉托色尼对亚里士多德划分的五个气候带规定了纬度的数字界限。南北纬24°之间为热带，寒带从两极向赤道方向延伸纬度24°，温带介于寒带与热带之间。他致力于研究有人居住的世界，著有三卷本《地理学》，书中把世界分为欧洲、亚洲和利比亚（今非洲）三个主要地区，并绘了一张世界地图。

埃拉托色尼无疑是古希腊优秀的几何学家，也是出色的地理学家。他根据日影在不同地点的投影长度而算出的地球周长只比实际长了15%，这是一件非常不容易的事。自古以来，测算角度总比测算距离要容易得多。

埃拉托色尼把天文学和几何学的原理很好地运用于实践，成为古代科学走向生活的一个典范。据说他制作的圆周仪曾被使用了10个

世纪还久。在埃拉托色尼所处的时代，地图上标出的一些重要地方，大多都是根据旅行者的叙述和传说来确定方位的。

公元前276年，埃拉托色尼生于古希腊的昔勒尼（Cyrene，在今天非洲北部的利比亚境内），当时是古希腊的殖民地。

童年和青少年时期，埃拉托色尼在昔勒尼和雅典求学，受到了良好教育。埃拉托色尼兴趣广泛，但他最主要的成就表现在地理学和天文学方面。

1. 地理学成就

埃拉托色尼之所以被西方地理学界推崇为“地理学之父”，主要是因为他在测地学和地理学方面的杰出贡献。他是创造“地理学”词汇的第一人。直到今天，地理学仍然是世界各国通用的学术词汇。

《地理学》一书共分三卷。第一卷是绪言，内容不多，对地理学的产生和发展做了历史回顾，然后概要阐述了地球的结构和演变，包括河流运动、地貌形成、潮汐产生和洋流循环等；第二卷是数理地理学，系统探讨了天空、大地及海洋的形状和结构，明确地球的区域、地带的划分及已知世界的范围；第三卷论述世界地图的绘制，在书的末页，埃拉托色尼绘制了当时最有价值的世界地图，并对各区域做了详细地描述。

埃拉托色尼认识到了爱奥尼亚古地图的诸多缺陷，决定运用几何学的方法，依据最新的天文学和测地学数据，对其进行重新绘制，以得到更合理的世界地图。为了绘制新地图，他摒弃了亚历山大以前的资料，采用大量最新的地理考察成果。在处理那些测量资料时，他进行了仔细地甄别和筛选，以保证所绘地图的精度和准确性。

在绘制世界地图时，埃拉托色尼提出了经线和纬线。经纬网系统的建立是地图学发展史上的一项重大突破和飞跃，奠定了数理地理的基础。

《地理学》继承和发展了亚里士多德的居住适应地带学说。埃拉托色尼将世界分为三大洲，即欧洲、亚洲和利比亚（今非洲），书中关于世界陆地三大洲的划分与现在实际情况相差甚远，显然对当时世界的认识还很模糊。

埃拉托色尼改进了亚里士多德的分带法，用严格的纬度划分标明了五个地带的南北界线。与前辈学者的工作相比，这种划分有更好的科学性和系统性。他的地球分带同现代地理学的“地带”概念相当接近。他首次测量黄赤交角为23°51′19″5，确定的回归线位置与其实际位置（23°30′）仅差半度，精确程度令人惊讶。在2000多年前，测量技术还很落后，数理科学也不发达，他是怎么算出这一结果的也无从考证。

埃拉托色尼对地理空间表现出了极大的兴趣。在他看来，地理空间即是地理实体，也是一个包含各种特性的地域。在地理空间中，自然环境特征鲜明，人类活动叠加其上。埃拉托色尼的地理学成就标志着古希腊地理学的最高峰。

总体来说，《地理学》总结了古希腊地理学的成就，提出了自己的地理学新思想，是当时地理学研究的典范，也是古希腊和希腊化时期地理学的重要文献。

2. 测量地球周长

埃拉托色尼更惊人的工作是用简单的测量工具计算出了地球周长。这要归功于他的细心观察和对欧式几何的灵活运用。当时人们就知道，在距离亚历山大里亚城约800千米的塞恩城（Syene，今埃及阿斯旺附近），夏日正午的阳光可以一直照到井底，因而这时候所有地面上的直立物都没有影子。但是，亚历山大里亚城地面上的直立物却有一段很短的影子。这个现象大家已经习以为常，见怪不怪了，谁也没有意识到这极为平常的现象背后隐藏着惊天的秘密。埃拉托色尼却捕捉到这个现象背后的原因。

他认为，亚历山大里亚城直立物的影子是由阳光与直立物本身形成的夹角而来的。从地球是圆球和阳光直线传播这两个前提出发，从假想的地心向塞恩城和亚历山大里亚城引两条直线，其夹角应等于亚历山大里亚城的阳光与直立物形成的夹角。按照相似三角形的比例关系，已知两地之间的距离，便能测出地球的周长。这件事在他的著作

《地球大小的修正》一书中有记载。

埃拉托色尼测出那个夹角约为7°，约是地球圆周角（360°）的1/50。由此，他推算出地球的周长大约为39 690千米，地球的实际周长是40 076千米，两者之间真的是相差无几。地球圆周的计算是《地球大小的修正》一书的精华。他还算出太阳与地球间的距离为1.47亿千米，和实际距离1.496亿千米也非常接近，这确实很了不起。

此外，《地球大小的修正》一书还包括以下内容：赤道的长度、回归线与极圈的距离、极地带的范围、太阳和月亮的大小、日地月之间的距离、太阳和月亮的全食及偏食、白昼长度随纬度和季节的变化等。这些研究代表了当时地理学发展的最高水平。

据历史记载，埃拉托色尼曾应古埃及国王之邀到亚历山大里亚任皇家教师。公元前244年，他到亚历山大城图书馆任职，公元前234年，担任图书馆馆长一职。当时，亚历山大里亚图书馆是古代西方的最高知识中心和科学研究中心，那里收藏了古代世界各种科学和文学论著。在当时，图书馆馆长是古希腊学术界最有权威的职位，通常授予德高望重、众望所归的学者。埃拉托色尼担任这一职务直到逝世，也说明了他在古希腊学术界的地位。

埃拉托色尼充分利用自己担任图书馆馆长职务之便，阅读了各种地理资料和地图。他在现有文献资料的基础上，做出了科学创新。

公元前193年，这位上知天文、下知地理的著名学者与世长辞。

三、不是传说——托勒密的故事

克罗狄斯·托勒密（古希腊文为Κλαύδιος Πτολεμαῖος，拉丁文为Claudius Ptolemaeus，约公元90—168）是古罗马著名的天文学家、地理学家、占星学家和光学家。在一定程度上，托勒密像一个传说中的人物，相传他生于埃及的赫勒热斯蒂克，这是一个希腊化城市。

古希腊地理学家埃拉托色尼

公元127年，托勒密到亚历山大里亚（Alexandria）求学。在那里，他博览群书，并且学会了天文观测和大地丈量。在后来漫长的岁月里，他主要居住在亚历山大里亚城。有关托勒密的生平，史书上少有记载。最主要的资料来自他传世著作中的有关记载，其次是古罗马帝国时代和拜占庭时代著作家们的转述。从那些不甚清晰的传说中，大致可以窥见托勒密一生的蛛丝马迹，但可信度有多大就很难说了。我们所知道的是他一生做出的成绩。托勒密精通天文学、地理学、占星学、光学、数学和音乐等多门学科。在他的最主要著作《天文学大成》（13卷）、《地理学指南》（8卷）、《占星四书》中，体现了他的杰出思想。

《地理学指南》是仅次于《天文学大成》的一本著作，是古希腊时代有关数理地理知识的总结。在撰写这本书的时候，托勒密主要以马里努斯的工作为基础，同时参考了亚历山大里亚城图书馆的资料。

《地理学指南》共分8卷，第1卷是一般理论概述，托勒密在这部分阐述了他的地理学体系，修正了马里努斯的制图方法。第2～第7卷罗列了欧洲、亚洲、非洲三大洲8100处地点的具体位置，他采用了喜帕恰斯建立的纬度和经度网，把圆周分为360份，给每个地点都注明了经纬度坐标。第8卷由27幅世界地图和26幅局部区域图组成，曾多次刊印，世人也将其称为《托勒密地图》。

公元9世纪初，《地理学指南》一书开始有了阿拉伯译本，译本对托勒密原书中关于伊斯兰帝国疆域内记载中的谬误做了更正。原初的阿拉伯文译本已经遗失，但《地理学指南》对伊斯兰知识界有直接或间接的影响是毫无疑问的。

据说哥伦布（Cristoforo Colombo，1451—1506）远航之前曾阅读过5本书，其中就有托勒密的《地理学指南》，而且哥伦布对托勒密的地理思想和地图标注深信不疑。哥伦布相信，通过一条较短的航线，就可以到达亚洲大陆的东海岸，结果事实上他没有到达亚洲东海岸，而是发现了美洲新大陆，只是他自己没有意识到而已。

从有关资料中，我们隐约知道了《地理学指南》的写作背景。公元2世纪，托勒密搜集了不少古罗马军队和商人的材料。军人和商人的共同特点是走的地方多，他们对地理的了解远比一般人更多。托勒

地理学家托勒密

密本人也走了不少路，“读万卷书，行万里路”用在他身上大概很合适。所以，他才写成了《地理学指南》。托勒密结合书中的文字绘制了部分地图，使这本书成为世界上第一部地名词典。

虽然《地理学指南》错误不少，但作为那个时代的学术著作，也就无可厚非了。《地理学指南》一直被认为是西方地理学的权威著作。托勒密认为，在宇宙中，地球是一个位于中心保持不动的球体，而其余天体则环绕着它转圈，这就是影响深远的“地心说”。

托勒密认为，地理学的研究对象应是整个地球，包括地球的形状、大小、经纬度测定、地图投影的方法等。据说他制造过一种叫做星盘的仪器，可以测量地球的经纬度，类似古代中国的浑天仪，还制造过角距测量仪，这种仪器后来风靡欧洲社会。

在数学方面，他用圆周运动组合解释了天体视运动，这在当时被认为是绝对准确的。他还论证了四边形的特性，即有名的托勒密定理。他对光学也做过研究，认为光线在折射时入射角与折射角成正比关系。

为了完成《地理学指南》而绘制已知世界的地图时，托勒密成功地运用了三角学和球面几何学的原理，用纬度和经度系统地解决了各地域的区限问题。

今天，地理学中的一些词汇和世界地图的结构还源于托勒密。他坚信亚里士多德关于地球结构的理论，并出色地继承了埃拉托色尼和喜帕恰斯的衣钵。他最有效地实践了用经线和纬线形成的网格体系来绘制世界地图，提出了两种新的地图投影——圆锥投影和球面投影。

四、斯特拉波和他的《地理学》

斯特拉波（Strabo，公元前63—公元23）是古罗马著名的地理学家、历史学家，生于小亚细亚的阿马西亚，受过良好的教育，后移居古罗马。青年时，他游历过意大利、古希腊、小亚细亚、古埃及和埃塞俄比亚等地，后在亚历山大里亚图书馆任职，著有《地理学》（17卷）、《历史学》（43卷）。

《历史学》约成书于公元前20年，叙述了从迦太基衰落到恺撒之死那段时期的历史，因为仅存少数残页，所以他对历史研究的贡献就被湮没了。

《地理学》一书是在斯特拉波去世前不久完成的，除第7卷外全部保存了下来。该书第1、第2卷为绪论，讨论了以天文学和几何学为基础的数理地理，研究了地表和大气圈的自然地理学，评论了埃拉托色尼、喜帕恰斯、波西东尼斯等前人的著作，提出了地理学家首先应确定地理学的研究对象等一些原则，描述了海洋、大陆和气候带等。第3～第17卷分别论述了当时欧洲人已知的世界各地区，按政治单元进行区域描述，内容包括自然特征、物产、城市、居民及其生活方式、风俗习惯等。其中，第6卷写亚洲，第7卷可能写利比亚（今非洲），第8卷写欧洲。

斯特拉波认为，地理学是对人类居住世界的描述，地理学不仅要研究一个地方的自然属性，还要研究它们之间的相互关系。

斯特拉波的《地理学》的主要贡献表现如下：①记录了存在于地面的人、动植物、陆地和海洋；②对已知世界进行了区划和分类，成为区域地理研究的代表；③把海岸分为岩岸、沙岸和潟湖等类型；④研究了陆地上升、下沉和三角洲的形成；⑤第一个描述了非洲沙漠中的绿洲，正确解释了尼罗河的泛滥原因，将其归因于埃塞俄比亚夏季丰沛的雨水；⑥指出火山土、碎屑土和冲积土的肥力不同；⑦提出自然因素对人文现象（如聚落、人口密度和风俗习惯等）有很大影响，注意到历史对地理的影响。

斯特拉波的《地理学》是西方古代地理研究的一部经典著作，对西方地理学的发展有深远的影响。但是书中大量引用了前人的著作，因此有些描述庞杂和有失真实，此外还夹杂有一些神话和许多已不存在的地名。书中涉及欧洲各地及西亚和北非的自然地理与人文地理，还探讨了环境对各地经济生活的影响及对城市发展的影响。在地理大发现以前，该书是西方最详尽的地理著作之一。

第八章

跟着感觉走
——古代中国的地理学

实际上，中国人发现欧洲和古印度远早于基督教旅行者来到东方的时间。自战国以来的六七百年间，中国人对自然的理解常常与是否有用有关，地理学的研究也一样。

一、战国以前的地理思想

有一个故事很好地诠释了古代中国人对世界的认识。众所周知，孔子非常博学，有一天，他遇到了一个两难问题，这是一个关于小儿辩日的故事。

孔子东游的时候，看见两个小孩子在辩论。其中一个孩子认为早晨的太阳离得近，而中午的太阳离得远。另一个孩子则认为中午的太阳离得近，而早晨的太阳离得远。孔子觉得很有意思，就上前问为什么。其中一个小孩儿说："日初出大如车盖，及日中则如盘盂，此不为远者小而近者大乎？"另一个小孩儿说："日初出苍苍凉凉，及其日中如探汤，此不为近者热而远者凉乎？"

孔子虽然博学，却不能解答这两个孩子的问题。于是两个小孩儿笑着说："孰为汝多知乎！"两个孩子的认识和答案都很感性，结果却是相反的，孔子在思考后却没有得出答案。正确答案在很多年以后才出现。

古代中国人说一个人学问高深时常用"上知天文、下知地理"来形容。可见，天文知识和地理知识在人们心目中有多么重要。《周易·系辞》中就有"仰观天文，俯察地理"的记载，这一记载可能是中国历史上最早的。再往后，人们对地理的认识日益深刻。

中国古代地理学受"天人合一"哲学思想的影响更深，因此更侧重对人生事物、自然事物的地理观察，认为人是自然的一部分，一切发展演变均由自然而来，神的观念相对淡薄。

到了春秋战国时期，包括地理学在内的各门学科已经发展得相当不错了。公元前2世纪的中国人比世界绝大多数地方的人享受着更多的自由和文明，衣食住行井然有序。

春秋战国时期是中国古代学术和思想最活跃的时期。那时，诸子们匆忙游走和穿梭在各诸侯国之间，靠宣扬自己的学术和观点立足。一时间，众多学术思想就像条条小溪，汇集成知识和思想的汪洋大海，百家争鸣的局面就是这样形成的。

二、秦汉时期的地域观念

秦汉时期，真正统一的大国才出现，特别是到了汉朝，地域之广甚至超出了人们的想象。

脚下的土地和身边的环境能决定一个人的思想和观念，大国观念的出现为地理学的发展提供了优越空间并创造了有利条件，相应的地理学知识、地理典籍、空间方位概念及其实践都居领先地位。

和中世纪的欧洲相比，秦汉时期的学术环境可能要宽松一些，但客观地说，秦汉时期的学术思想与诸子百家时代比起来，其表现的空间更加有限。

汉朝时期，我国的地理视野已相当广阔，地理学家几乎了解了整个亚洲的情况。《汉书·地理志》中记载了有关的地理知识。在正史中专列《地理志》是从班固的《汉书·地理志》开始的。班固的地理观及其《汉书·地理志》模式被后世的正史地理志、地方志仿效，对中国古代地理学的发展产生了深远影响。《后汉书·东夷传》记述了日本的情况，包括地理特点、气候、物产和人物等。

三、《山海经》中的地理方位

《山海经》是中国古代最早的地理学著作，虽然其中夹杂了许多神话和传说，有些还非常荒诞，但作者的用意很清楚，那就是想把脚下那片土地的特点告诉读者，包括三山五岳和江河湖海。

一种说法是，《山海经》由《山经》《海经》和《大荒经》组成，其写作也经历了漫长的时间。战国时期，《山经》就编纂完成，经过后人增补，有了《海经》和《大荒经》。《山海经》最终可能形成于汉朝。时间跨度从战国到汉朝，前后跨越了几个世纪，所以可以说，《山海经》是集体智慧的结晶。

《山海经》全书近 3 万字，在那个没有纸的年代，所有的文字都要刻印在竹简或木牍上，3 万字的著作绝对是大部头，用竹简串起来的《山海经》恐怕需要好几个人才能抬得动。

《山海经》承袭了自古以来所积累的地理知识。其中写作时间最早且最具有地理价值的部分是《山经》。《山经》从形式至内容都以叙述各地的山川和物产为主，尽管也有神话，但所占比例不大，无疑是一部早期的地理书。

《山经》记述了 400 多座山，书中提及的地理区域包括南、西、北、东、中共五个区，每个区分若干山系，每个山系又连接许多山岳。作者以山岳为纲，综合记述了水系、动植物和矿产种类、特产等。《山经》记述的范围远及黄河和长江流域以外的广大地区。虽然错误和夸张之处随处可见，但那是 2000 多年前，历史都不见得可信，何况自然和山水。

《山海经》里有很多神话和传说，夸父逐日、女娲补天、精卫填海、羿射九日、鲧禹治水、共工怒触不周山等都是读者很熟

《山海经》

悉的故事。在这些神话和传说中，不仅可以看到巫师的活动，也可以看到古代先人的信仰和崇拜。另外还有很多神奇动物的记载，如鸟、兽、龙、蛇之类，它们往往具有神奇的力量。这些动物很可能就是古代先人崇拜的图腾。

透过《山海经》中的神话传说，我们可以看到历史的某些影子。例如，《大荒北经》中记载了黄帝战蚩尤的故事，剔除其神话色彩后，一场古代部落之间残酷战争的真实画面就历历在目。

所有这些描写都以地理方位为依托，渗透着古代的地理知识和地域的特色。

在《山海经》的空间布局中，作者以《中山经》所在地区为世界的中心，四周是《南山经》《西山经》《北山经》《东山经》，它们共同构成大陆，大陆被海包围着，四海之外又有陆地和国家，包括荒远之地，这就是作者心目中的世界。作者在该书的结尾指出："天地之东西二万八千里，南北二万六千里。"在那个年代能有这样的认识已经很不容易了。

四、《尚书·禹贡》讲给我们的故事

《尚书·禹贡》是《尚书·夏书》中的一篇，简称《禹贡》，作者不详。《禹贡》成书的年代尚有争议，目前学者多认同成书于战国时期。全书1193字，虽然字数有限，但也算得上是一部地理著作，其学术价值不在《山海经》之下。全书由"九州""导山""导水""水功""五服"五部分组成。

"九州"假托大禹治水时划分的疆界，将全国分为冀、青、徐、扬、荆、豫、梁、雍、兖等九州，实际上是以河流、山脉、海洋等自然分界划出来的，含有自然区划的意味。这部分扼要地描述了各州的地理概况。

南宋时期的民谣中就有“月子弯弯照九州，几家欢乐几家愁”的描写。时至今日，“九州”还是中国的代称之一。很多地方的地名中都有“州”这个字，像苏州、扬州、徐州、福州。这实际上是地名文化的历史传承，是祖脉和地域概念延续至今的石化记忆。

“导山”部分分九州山脉为四列，叙述了主要山脉的名称、分布特点及治理情形，并说明导山的目的是为了治水。

“导水”部分叙述了九条主要河流和水系的名称、源流、分布特征及疏导的情形。

“水功”部分总括了九州水土经过治理以后，河川皆与四海相通，再无壅塞溃决之患。其实际上是歌颂了大禹治水的功绩。

“五服”部分反映了作者政治上的“大一统”思想。它不受诸侯割据形势的局限，把脚下大地看做一个整体，以帝都（天子居住的地方）为中心，由近及远，向外扩展，分别是甸、侯、绥、要、荒五服。作者认为，只有这样，九州才能安定。

作者在“五服”中说，五百里之内的地带为“甸服”，即王畿所在；再向外五百里之内为“侯服”，那里是诸侯领地；再往外分别是“绥服”（已绥靖地区，即中国文化所及的边境地区）、“要服”（结盟的外族地区）和“荒服”（未开化地区）。

“五服”表明了国家意识、政治文化和赋制影响随距离帝都的远近而不同的事实。在《禹贡》问世的年代，真正意义上的国家其实不大，有些甚至还很小，人们对世界的认识更加有限，《禹贡》所言的范围远远超过了当时人们对实际地域的了解，对四周边缘地带只能做出“东渐于海，西被于流沙，朔南暨”的粗略交代，不过，后来的中国确实是这个样子，作者的感觉和总体印象确实值得肯定。

《禹贡》不仅是中国最古老、最系统的地理文献，而且它关于九州区划、山岳关联、水道体系、交通网络，以及土壤、物产、景色的描述，都体现出明确的地理观念，所以它对中国后世地理学的发展产生了深远的影响。

除《山海经》和《禹贡》外,《尚书》《周易》《诗经》《周礼》《左传》《管子》《孙子兵法》等早期著作中也有不少地理方面的内容，如《管子》中“地图篇”“地员篇”“度地篇”等在地理版图、土壤描述、生物种类及分布、水文特点及分布方面均有论述。

五、《史记》中的地理记述

司马迁（公元前145—前86）既是一位伟大的历史学家，也是一位杰出的地理学家。他撰写的《史记》堪称一部历史和地理的百科全书。司马迁著述《史记》的目的在于“究天人之际，通古今之变，成一家之言”。在50余万言的《史记》中，包含了自然地理、人文地理、经济地理、区域地理和地图学等内容。其中的《货殖列传》有相对完整的经济地理记述；《历书》《河渠书》在自然、气候、水系分布、水文和水利建设方面有专门记述，属于自然地理范畴；《匈奴列传》《大宛列传》《朝鲜列传》《南越列传》《西南夷列传》《秦本记》有区域地理记述，在人物列传和其他部分也广泛渗透着地理知识。

当然，在地理探险和考察方面，司马迁未必都是亲力亲为，至少他不会走遍所有记述过的地方。当他写《史记》时，祖先的记忆和前辈的著作就会进入他的视野，成为他做出判断的重要依据。

六、班超的故事

班超（公元32—102），东汉时期著名军事家、外交家，于公元

73 年出使西域。在此后时间里，他一直在西域都护府，通过战争或政治手段与各国打交道，为西域回归和民族融合做出了重要贡献。

公元 97 年，班超派大将甘英出使大秦。那时候班超是西域都护，甘英率领使团一行从龟兹（今新疆库车）出发，西行至疏勒（今新疆喀什），越葱岭（今帕米尔高原），经大宛（今乌兹别克斯坦费尔干纳盆地）、大月氏至安息（即波斯帕提亚王国，今伊朗境内）、条支（今伊拉克境内），最终到达了安息西界的西海（今波斯湾）沿岸。

这是中国旅行家第一次到达波斯湾。班超的儿子班勇后来又出使西域，几乎一生都在西域度过，写成《西域记》一书，至今仍然是研究西域历史地理的重要资料。

第九章

俯瞰大地
——阿拉伯学者与地理学

阿拉伯世界的地理学值得一提，那里既有绘图学与海上探测的知识，也有旅行家对山川地貌的记录，还有对大地的测量，如对地理学坐标的精确测量，对地貌的定量研究。

阿拉伯学者善于借鉴古巴比伦、古印度、波斯与古希腊的学术成果，在地理学方面建树颇多，他们的学术研究在很多年后的航海时代仍产生了重要影响。

一、阿拔斯王朝时期

继古希腊人之后，阿拉伯人绘制的地图有助于人们更好地认识世界，中世纪的欧洲社会，基督教学者心目中理想的世界是以耶路撒冷为中心的“寰宇图”，伊斯兰学者的世界则要实际得多。

阿拔斯王朝（公元 750 ～ 1258 年，中国史书称之为“黑衣大食”）是地理学从经验走向科学的发端时期，从那时起，阿拉伯学者就不断从古印度天文学和地理学书籍中学习长度计算方法，还从古希腊和波斯的著作中获取营养，因此他们的地理学更加注重定量描述。

这一时期的地理学家在大地测量学方面颇有建树，如测定城市的方位、山峰的高度等，甚至在测量地球半径、周长、经度等方面，也做过有益而富有成果的尝试。他们假定地球是圆的，这很有可能是受古希腊学者影响的结果。

在马蒙时代，阿拉伯学者对世界文明的贡献主要在学术和文化方面。那时候，在那一片沙漠与绿洲相间的地方掀起了一场影响人类历史的“百年翻译运动”，结果使阿拔斯文化和整个阿拉伯文化进入了鼎盛时期。

马蒙（786—833，阿拉伯帝国阿拔斯王朝第七任哈里发）对知识和学者的渴求近于痴狂。他派遣的使者足迹遍及拜占庭、波斯和古印度等地，目的就是搜集知识典籍和发现学者。

他组织学者将古希腊典籍翻译成阿拉伯语，据说付给译者的报酬是与译稿重量相同的黄金，这大概是自古以来最昂贵的稿费了。当时的地理学家（其实也是天文学家和数学家）测量过地球的子午线，并据此推算了地球的体积及其周长。

二、比鲁尼的贡献

比鲁尼（Biruni，公元973—1050），波斯著名科学家、史学家和地理学家，堪称科学地理学的先驱，兴趣广泛、著述宏富。

比鲁尼的代表作是《城市方位坐标的确定》。这本书原本是用来确定礼拜朝向的指导书，但其实际价值远超于此。比鲁尼地理学著作的特点是，在地理学研究方面追求数学的精确与论证的严谨，这与他深厚的数学及天文学功底密不可分。事实上，比鲁尼同时也是伟大的数学家和天文学家。

比鲁尼一生撰写了15部大地测量学（或数学地理学）著作，《绘图法》是其青年时代的作品。《古代遗迹》（也有译为《东方民族编年史》）记载了东方各国人民的历史、地域、文化及宗教，其中很多内容涉及地理学。比鲁尼认为，智慧只有在完全不受传统束缚、不受政治影响，以及主观意志不受固定思维局限时才能得到发挥。

比《古代遗迹》稍晚些的《印度地理》记述了古印度的自然地理、历史、古迹、宗教信仰、风俗习惯等方面内容。

比鲁尼对地理学的贡献主要表现在，他发明了采用三角测量法测量大地及地面物体之间的距离的技术，并测量了地球半径。数值换算成今天通行的长度单位为6339.6千米，与现在数值（赤道半径6377.8千米，极半径6356.9千米，平均半径6371.4千米）已经相差无几。他改进了经纬度的测定方法，对地球的经纬度做了精密测量，此外还发明了测量山峰和其他物体高度的方法。

比鲁尼还将天文学与地理学结合起来，提出了地球以地轴为中心自转的理论，推测地球是绕太阳运转的。那时候正是欧洲的中世纪，能有这一思想确实难能可贵。

三、《黄金草原》——学术旅行的结晶

《黄金草原》的作者艾布·哈桑·阿里·马苏第（公元9世纪后期出生于巴格达）是著名的阿拉伯旅行家、地理学家和历史学家，他的大半生在旅行中度过。在30余年的旅行生涯中，他的足迹遍及亚非各国。第一次旅行主要到过波斯、中亚、古印度、锡兰（今斯里兰卡）、马来群岛和桑给巴尔。第二次旅行主要到过巴勒斯坦、叙利亚、安条克（主要在今天的土耳其和叙利亚附近）、高加索、阿塞拜疆。晚年定居古埃及。马苏第的旅行既非经商，亦非览胜，而是当时阿拉伯学术界盛行的“学术旅行”。

《黄金草原》就是马苏第学术旅行的结晶。在中世纪，阿拉伯人对知识的渴求令人敬仰。伊斯兰教的创始人穆罕默德（拉丁语为Muhammad，约公元570—632）在《古兰经》中就鼓励他的信众，为了追求知识，即使再远的地方也要去。在马苏第笔下，《黄金草原》上的每个国家都有令人羡慕的学术成就，它们的学术成就被阿拉伯人所继承。

《黄金草原》主要分两卷。第一卷的内容大致包括概述以及西亚、古印度、中亚等地在穆罕默德诞生之前或受伊斯兰教影响之前的历史地理状况；第二卷包括欧洲、撒哈拉以南的非洲主要地区，以及伊斯兰教影响地区的历史地理状况。除地理知识外，《黄金草原》同时也论及天文、哲学和宗教习俗等方面。

在文字表达方面，《黄金草原》与《一千零一夜》有类似之处，很容易把读者引向遥远的地方，聆听陌生世界的神奇故事，在人类起

源的伊甸园里浮想联翩。

西亚、南亚、南欧和东非等地都留下了马苏第考察旅行的足迹。在后来的数百年间,《黄金草原》一直都被学者们看重，他们在从事自然与社会科学研究中，广泛引用了《黄金草原》中的记述。在伊斯兰教盛行的阿拉伯世界，像马苏第这样的学者和旅行家还有很多，在此不一一记述。

第十章

揭开东方世界的神秘面纱——马可·波罗的地理探险

1275 年夏天，一个叫马可·波罗的威尼斯人远游到了遥远东方的中国，在元大都青草味、羊奶味和腥膻味浓重的蒙古毡帐里受到了忽必烈大汗的接见和信任，并被委以重任。

此后，马可·波罗到过中国的很多地方，20 多年后回到威尼斯，在热那亚的一座监狱里口述东方见闻，由同狱人执笔写成了一本书，也就是我们非常熟悉的《马可·波罗游记》。

中世纪的欧洲，基督教教堂的学者们不是用科学的方法分析和观察世界，而是竭力把各种文献资料和事实与《圣经》中的经典进行融合。他们对古希腊的资料了解很少，对翻译过来的拉丁文文献也是不求甚解。他们信奉托勒密的地心说，甚至把它看成中世纪基督教地理学的权威，对亚里士多德的地理思想也深信不疑。

居住于斯堪的纳维亚半岛上的维京人，于公元 9 ～ 10 世纪漂渡大西洋发现了冰岛、格陵兰岛，1000 年又登上纽芬兰岛和北美洲大陆东北岸。他们是欧洲人中最早发现新大陆的人，但是由于当时社会经济条件的限制，这一发现未得到人们的重视和注意。

这样的状况一直持续到马可·波罗诞生。

一、一路向东

马可·波罗（Marco Polo，约 1254—1324）要算是中世纪最著名的旅行家了。马可·波罗是威尼斯人，祖上以经商为业。

马可·波罗的父亲和叔叔因为经商很早就到过东方，在元大都（今北京）受到了蒙古大汗忽必烈的接见。忽必烈给古罗马教皇写了一封信，传信人正是马可·波罗的父亲和叔叔。那时候，马可·波罗还是个孩子，父亲和叔叔东方旅行的传奇经历点燃了马可·波罗的好奇心。

1271 年的马可·波罗虽然只有 17 岁，但为人处事已经像个大人。这一年，马可·波罗一行十几人拿着古罗马教皇给忽必烈的回信和礼品上路，队伍中就有马可·波罗的父亲和叔叔。这是一次商业之旅、探险之旅和梦幻之旅。原计划是从威尼斯到地中海，横渡黑海，过两河流域，到世界著名古城巴格达，经巴士拉到波斯湾，乘船经霍尔木兹海峡，一路向东就能到达目的地。

很多天后，他们终于到了波斯湾，在一个小镇上一边休整，一边等待去往中国的商船。没想到商船没等来，却等来了强盗的抢劫。这伙强盗趁他们熟睡时把他们抓了起来，关押在一个黑暗的屋子里。最先逃出来的是马可·波罗和他的父亲。当父子俩搬来救兵时，除了马可·波罗的叔叔外，其他人都已无踪迹可觅。

三个人又等了两个月，仍然没有打听到去往中国的商船，只好改走陆路。陆路不仅漫长，还充满更多的艰难险阻。因为徒步向东要越过面积广大且荒凉的伊朗高原，要跋涉气候多变、险峻寒冷且罕有人迹的葱岭（今帕米尔高原）。一路上，他们经历了疾病、饥渴、强盗、野兽。漫长的路途之后，三个人终于来到了中国新疆。当时正是初秋时分，喀什浓厚的商业气息、和田商铺里随处可见的玉石和南疆刚刚上市的瓜果给人耳目一新的感觉。

马可·波罗一行沿塔克拉玛干沙漠南缘往东，来到了敦煌古城，这里有中国最大的石窟，从东汉时期就开始开凿。到马可·波罗一行到来的时候，石窟已经颇具规模。在敦煌停留了几天后，他们过玉门关，行走在沙漠和荒原之间，经过了汉长城和古代烽燧，走过了河西走廊。1275 年夏天，三人到达了元上都，见到了忽必烈。

那时候，忽必烈正在上都行猎，对他们的沿途见闻也很感兴趣，不久之后，马可·波罗一行随忽必烈返回大都。

在元大都的那些日子，马可·波罗深得忽必烈大汗的信任，并受到重用，代表大汗一次次踏上征程。马可·波罗利用担任元朝官员的身份访问了当时中国的许多城市，游历过中国的许多地方，了解了很多中国的地理状况、物产和民俗，不仅学会了汉语和蒙古语，还积淀了深厚的中国历史文化知识。

他们原以为东方世界野蛮落后，后来却发现那里的人民拥有高度的文明。马可·波罗后来在《马可·波罗游记》中说：“他们的品德和收入都比我们的国民高很多。”

马可·波罗是第一个向西方社会系统介绍中国情况的人。《马可·波罗游记》主要记述了马可·波罗中国之行的沿途见闻、元代初年的社会状况及北京、扬州、杭州等历史名城的情况，同时也述及中国东南邻邦的概况、蒙古诸汗国之间的战争、亚洲北部的人文和自然风光。

二、回到故乡

1289 年，波斯国王阿鲁浑（Arghun，1258—1291）的元妃去世，国王派特使到元朝求婚。使者们并不知道，到元大都时，他们的国王已经去世，一切都按计划进行。不过，这倒给思乡心切的马可·波罗创造了一个契机。忽必烈钦定阔阔真为元室公主，即将远嫁波斯。马可·波罗请求忽必烈允许他参与护送任务，他的真实目的是顺路回到故乡。

1292 年春，在忽必烈船队的护送下，马可·波罗随波斯的三位使者护送阔阔真公主从福建泉州起航出海，经爪哇、苏门答腊、锡兰、古印度到波斯湾，再经陆路返回欧洲。1295 年，马可·波罗回到威尼斯。

马可·波罗的经历无疑是一部丰富多彩的故事集，充满了神秘。马可·波罗将自己的所见所闻一直深藏于心，并没有向别人吐露。

那时候，威尼斯与热那亚正在打仗，回到家乡威尼斯后的第 3 年，马可·波罗参加了那次战争，在一次海战中不幸被俘。在热那亚的监狱里，他遇到了一个叫鲁斯蒂恰诺的狱友。鲁斯蒂恰诺也是一位作家，马可·波罗向这位作家狱友口述了大量东方见闻。

很多年后，一本书从欧洲大陆传遍世界，它就是《马可·波罗

旅行家马可·波罗

游记》(又译《马可·波罗行纪》)。

三、《马可·波罗游记》及其影响

《马可·波罗游记》记述了马可·波罗在东方世界(特别是中国)的神奇见闻，激发了欧洲人对东方世界的好奇和热烈向往。遥远的东方世界令欧洲人望眼欲穿。《马可·波罗游记》对后来新航路的开辟产生了巨大的影响。直到哥伦布时代，欧洲人还在梦想寻找马可·波罗笔下富庶繁荣的中国。《马可·波罗游记》同时也是研究中国元初历史和地理的重要史籍。

在《马可·波罗游记》中，作者也记述了土耳其、伊朗、亚美尼亚、波斯、古印度、鞑靼等国家/地区的山川形胜和风俗。

马可·波罗在其游记中说，在向东行进的路上，拜访了许多"令人惊奇的、闻所未闻的"的国度。马可·波罗一行沿途考察了这些国家的物产并记录下来，作为以后进行商业贸易的准备。

中世纪的欧洲人通过《马可·波罗游记》看到了世界的更多地方。这本书的出版在一定程度上触动了中世纪欧洲神权统治的禁锢，拓展了欧洲人的视野，对后来的地理大发现和文艺复兴运动也有一定影响。

虽然有很多欧洲人在马可·波罗之前抵达过遥远的东方国度，也有这方面的游记问世，但他们的声音都十分微弱，没有产生多大影响。自从阅读了《马可·波罗游记》后，欧洲人对忽必烈和他统治下的中国有了更清晰的认识，通过《马可·波罗游记》了解了东方的宫殿、人民，他们的生活习惯和各种发明，也知道了那个当时被叫做"日出之国"的日本。

《马可·波罗游记》带来的探索东方世界的热情一直持续到中世纪末期。与马可·波罗等探险者一同走向世界的，是其卓越的地理思想。

第十一章

来自天国的使者——张骞的地理探险

古代中国的探险家其实不少，但绝大多数都已湮没无闻，留在史册上的寥寥无几，张骞是其中之一。一些历史典籍中说，张骞是“凿空”西域的第一人，自他之后，通向西域的路逐渐清晰，且越走越远。

后来，人们给这条路起了一个美丽动听的名字——“丝绸之路”。

一、天赐良机

汉武帝刘彻（公元前156—前87）即位时，张骞（公元前164—前114）还是朝廷里一个叫做“郎”的侍从官，每天的工作无非是端茶、倒水、扫地、跑腿之类的。

匈奴曾经是中国历史上一个非常强悍的游牧民族。早在楚汉战争时期，匈奴冒顿单于就乘机扩张势力，控制了中国东北部、北部和西部的广大地区，建立了一个马背上的国家。

到了西汉初年，冒顿单于征服西域，设僮仆都尉，向各国征收繁重的赋税。匈奴还以西域作为军事上的据点和经济上的后盾，经常侵占汉朝的领土，骚扰和掠夺中原居民。

立国不久的汉朝正处在休养生息之际，急需一个和平环境发展经济，改善民生。为了缓和南北对峙的紧张关系，汉高祖刘邦开始对这个马背上的民族实行和亲政策，希望通过与匈奴和亲来维系汉匈之间的和平共处。这一政策维持了很多年，读者最熟悉的“昭君出塞”就是其中的一个例子。但是多年和亲政策带来的结果并不尽如人意。这也成为当时社会的最大困扰和统治者的最大苦恼。

汉武帝即位后，跟匈奴的战争断断续续。

后来，戍边将士从俘虏的匈奴人口中得知，在敦煌、祁连一带曾住着一个叫月氏的游牧民族。秦汉之际，月氏的势力日益强盛，曾攻占邻国乌孙国的土地，同匈奴发生冲突。

西汉初年，在冒顿单于的多次攻击下，月氏国势日渐衰落。后来，匈奴人彻底征服月氏，杀掉了月氏国王，还把他的头颅割下来做成酒器。对月氏人来说，这就是国耻。

经过那次灾难以后，月氏人被迫西迁到今天新疆西北的伊犁一带，赶走了居住在那里的原住民，重新建立了国家。但是他们时刻准备着赶走匈奴人，重回旧地。

汉武帝觉得是一个天赐良机。于是决定联合月氏共同夹击匈奴。用汉武帝的话说，就是“断匈奴之右臂”。于是，汉武帝下令选拔人才出使西域。在众多候选者中，昔日身陷杂事、名不见经传的张骞胜出。

二、出使西域

建元二年（公元前 139 年），张骞奉汉武帝之命，率领 100 多名随行人员从长安出发前往西域。队伍中有一个匈奴人做向导，叫堂邑父（也叫甘父）。张骞的任务很清楚，就是联系西域各国，共同抗击匈奴。

他们一路西行，进入河西走廊。自月氏人西迁后，这一地区完全被匈奴人控制。越过匈奴人的地界是一件十分危险的事情，况且还是一大队人马。

张骞一行在河西走廊的荒漠里艰难跋涉时，不幸遇上了匈奴骑兵。张骞一行被抓获，被押送到单于驻地（今蒙古人民共和国鄂尔浑河上游）交给了当时的军臣单于。

经过仔细审问后，军臣单于知道了张骞代表汉朝出使月氏，就明白汉朝想越过匈奴联合月氏攻打匈奴，那是不可能的事。

军臣单于并没有简单地把张骞等一杀了之，而是留下来。各种威逼利诱的手段都使过，没有什么效果，匈奴人也没有达到目的。

为了软化和拉拢张骞，打消其出使月氏的念头，军臣单于除了严

张骞出使西域

加看管外，还吩咐手下给张骞娶了匈奴妻子，让其在大漠草原和白色毡帐里安心过日子。军臣单于走了一步相当不错的棋。

这一过就是十余年，史料上没有记载。

很多年后，史学家司马迁在《史记》中对张骞这十余年的生活也只是泛泛提及。司马迁的大概意思说，虽然张骞在匈奴居留了十年，却始终没有忘记汉武帝交给自己的神圣使命，没有动摇为汉朝通使月氏的意志和决心。司马迁特别强调张骞“持汉节不失”、“不辱君命”。这个评价是相当高的。

元光六年（公元前129年）一个漆黑的夜晚，趁匈奴人不备，张骞带领其随从逃出了匈奴人的控制区。

在居留匈奴的十余年时间里，外部世界的面貌已经日新月异，西域的形势也发生了很大变化。曾经被月氏侵略过的乌孙国在匈奴的支持和唆使下向西攻击月氏，月氏人被迫从伊犁河流域继续西迁，进入咸海附近，征服了一个叫大夏（阿姆河以南，兴都库什山以北，在今阿富汗境内）的小国，在那片陌生之地建立了新的家园。

张骞了解了这一情况后，过了车师就没有向西北伊犁河流域出发，而是折向西南，进入焉耆，再溯塔里木河西行，过库车、疏勒等地，翻越葱岭（今帕米尔高原），来到一个叫大宛（今乌兹别克斯坦费尔干纳盆地）的国家。张骞一行一路上风餐露宿、备尝艰辛。干粮吃完了，就以飞禽走兽为食物，不少随从没有走完这一旅程，或葬身黄沙，或身埋冰窟，或疾病染身。

抵达大宛后，张骞向大宛国王说明了自己出使月氏的使命和沿途的种种遭遇，希望大宛能派人相送。大宛王早就听说东方汉朝的富庶，很想与汉朝通使往来，但苦于匈奴从中作梗，通使往来只是一个美好的想法。

现在汉朝使节从天而降，大宛王非常高兴。张骞关于与大宛通使和礼尚往来的一席话使他动心。大宛王答应了张骞的要求，热情款待后，派了向导和翻译，将张骞等人送到康居（今乌兹别克斯坦和塔吉克斯坦境内）。康居王又遣人将他们送到月氏。

三、抵达月氏

这时候的月氏人已经在新的土地上精心耕耘了很多年，这里国土肥沃、物产丰饶、人民安居乐业。而且，这里距离匈奴和乌孙都很远，月氏人感觉生活在这里不仅安全，还很幸福，时间一长，就渐渐消磨了复仇雪恨的意志。

月氏人的想法很现实，也很实在：他们离汉朝太远，联合汉朝攻击匈奴似乎有些鞭长莫及，与其卷入战争，还不如天各一方。所以，张骞所有“说服月氏人与汉朝联盟夹击匈奴”的建议都付诸东流。

张骞等人在月氏停留了一年多。在此期间，他们还曾南下到了一个叫蓝氏城（在今阿富汗北部巴尔赫省境内）的地方，了解了那里的地理、物产和生活习俗。

四、回归长安

元朔元年（公元前 128 年），张骞一行开始动身返回汉朝。

归途同样不顺利。为了避开匈奴控制区，张骞改变了行程路线，计划通过青海羌人地区。

他们行至塔里木盆地南部，沿昆仑山北麓的“南道”，过莎车、于阗（今和田）、鄯善（今若羌），进入羌人地区。但是羌人也已沦为匈奴的附庸。张骞等人再次被匈奴骑兵俘获，一扣又是一年多。

元朔三年（公元前 126 年）初，匈奴为争夺王位发生内乱，张骞等人趁机逃出，几个月之后回到长安。仔细算来，从公元前 139 年出发至公元前 126 年回来，前后经历 13 年的时间。当初出发时是 100 多人，一路折兵损将，回来时仅剩下张骞和堂邑父两个人，路途的艰难险阻可想而知。

张骞这次西行虽然未能达到与月氏建立联盟、夹击匈奴的目的，但在别的方面却产生了巨大的影响，他拓宽了汉朝的视野，沟通了汉朝和西域各国的联系，特别是在文化和经济方面，为后来者开辟了一条重要的通道，这就是我们今天仍常常提及的“丝绸之路”。

秦始皇时期，中国人的地域概念还十分有限。那时候，修筑长城、北御戎狄，无非就是守护黄河流域附近的那片土地。那时候的中国，西部边界不过临洮。玉门之外的广阔西域，是中原大地的政治和文化所不及的地区。

张骞的这次通使西域，使中国的影响直达葱岭以西。从那之后，西域同中原大地的联系日益加强，中国同中亚、西亚，乃至南欧的交往也越来越多，所以历史上也将张骞之行比喻为“凿空”。

张骞西行不仅是一次艰难困苦的外交之旅，也是一次卓有成效的科学考察和地理探险。张骞对广阔的西域进行了实地考察和研究，亲自访问了诸多西域国家和中亚的大宛、康居、月氏和大夏，又从那里间接了解了乌孙（巴尔喀什湖以南和伊犁河流域）、奄蔡（里海、咸海以北）、安息（即波斯，今伊朗）、条支（又称大食，今伊拉克一带）、身毒（又名天竺，即印度）等国的许多情况。

回到长安后，张骞将其一路上的所见所闻写成考察报告，向汉武帝做了详细汇报。考察报告对葱岭东西诸地，对中亚、西亚，安息、古印度诸国的位置、特产、人口、城市、兵力等做了说明。史官司马迁当时就站在旁边聆听和记录了现场实况，这才有了若干年后的《史记・大宛列传》。《汉书・西域传》中也有记载。

《史记·大宛列传》是中国历史上对这些地区第一次最翔实可靠的记载。时至今日，它仍是世界上研究这些地区和国家的古地理文献和最珍贵的历史资料。

张骞的汇报活灵活现，汉武帝听得津津有味，西域的地理特征、自然资源和迷人的风情民俗确实是不小的诱惑。

13 年时间已经过去，汉朝的军事实力大大增强，有卫青、霍去病、李广等诸多勇将带领的广大戍边将士东征西战，打败匈奴指日可待。汉武帝对张骞出使西域的成果非常满意，特封张骞为太中大夫，授堂邑父为“奉使君”，以表彰他们的功绩。

五、二次西行

元狩四年（公元前 119 年），匈奴失去了河西走廊，开始向西北退却，试图联合和依靠西域诸国与西汉对抗，这是朝野上下和大汉将士最不愿意看到的。

西域又一次进入汉武帝的视野。汉武帝任命张骞为中郎将，率 300 多名随员，携带大量金币和丝帛、万头牛羊，第二次出使西域。这时的西汉既不缺人，又不缺财，更不缺物。遥望河山，尽显大国气象，俯视脚下，物产更加丰饶。

根据司马迁在《史记》中的记载，此次西域之行的目的有两个。一是招乌孙东归故地，西汉知道乌孙与匈奴矛盾甚深，乌孙归汉就是对匈奴的最大打击，即“远交近攻”。二是宣扬大汉国威，如果西域诸国都能归顺西汉，与西汉联合，那么匈奴的发展空间就会大大缩小。所以，张骞的使命既神圣又光荣。

张骞一行到达乌孙时，正好赶上乌孙政局不稳，宫廷内部动乱不堪，劝说乌孙东归的事情只好搁置一边。在乌孙停留的那些日子，张骞派副使分别访问了中亚的大宛、康居、月氏、大夏等国。这些访问对联络民族感情、扩大政治影响、增进相互了解有重要意义。元鼎二年（公元前115年），张骞一行偕乌孙使者数十人返抵长安。次年，张骞病逝于长安，归葬汉中故里。

六、和亲插曲

几个月后，随张骞至长安的乌孙使者返回自己的国家，向乌孙王昆弥报告了汉朝的强盛、长安的繁荣和人民的友善，大大增强了乌孙国朝野对汉王朝的信任。昆弥再次派使者到长安，请求与汉室和亲。

在古代社会，和亲就是国与国之间交流的一道盛宴。对两个国家来说，和亲有利于民族间的经济、文化交流，有利于民族间的融合。

汉武帝当即就同意了。元封六年（公元前105年），汉武帝封江都王刘建的女儿为细君公主，并命令细君公主远嫁乌孙，所赐嫁妆之丰厚自不必说，一同随行的宦官和侍御就有数百人之多。

可惜细君公主命运不济，五年后，留下了一首《悲愁歌》便与世长辞了。

吾家嫁我兮天一方，
远托异国兮乌孙王。
穹庐为室兮旃为墙，
以肉为食兮酪为浆。
居常土思兮心内伤，
愿为黄鹄兮归故乡。

细君公主死后，为了巩固与乌孙的联盟，汉武帝又封楚王刘戊之女为解忧公主，再次嫁给乌孙王。从历史的层面看，解忧公主为汉朝遏制匈奴，加强、巩固汉室与乌孙的关系做出了重要贡献，也为汉朝与西域各国的商业往来和文化交流起到了积极作用。

七、沿着张骞的足迹

张骞两次出使西域，对汉朝与西域诸国之间的经济往来和文化交流有重要的促进作用。从那之后，汉朝和西域各国经常互派使者，使团人数常常过百，甚至多达几百人。商业贸易更不必说，从张骞开始，西域的路上，驼铃声伴着日出日落，到唐朝时达到鼎盛。

当时，处于西域东端的楼兰和姑师（后称车师）还依附于匈奴，在匈奴的挑唆下，它们经常出兵攻杀汉朝使者，劫掠商旅财物，成为汉朝通往西域的严重障碍。

为了确保西域通道的顺畅，元封三年（公元前 108 年），汉武帝命令汉将赵破奴、王恢率七百轻骑突袭楼兰，赵破奴又率数万军队击破姑师，后在酒泉至玉门关一线设立亭障，作为供应粮草的驿站和防守的哨所。当时修建的烽火台和长城至今犹在。

元封六年（公元前 105 年），汉朝使臣沿着张骞的足迹，来到了今天的伊朗境内，拜见了安息国王。汉朝使臣献上了华丽光洁的丝绸，安息国王非常高兴，以鸵鸟蛋和一个魔术表演团回赠汉武帝。中国的丝绸很快就传到了古罗马帝国，这标志着连接东方的中国和西方的古罗马帝国的丝绸之路正式开通。

太初元年（公元前 104 年）和太初三年（公元前 102 年），汉武帝派贰师将军李广利前后两次西征大宛，迫使大宛进贡汗血马和其他良马千余匹。沿途中亚各国听说汉军征服了大宛国，大受震动，纷纷归顺，并派遣子侄跟随汉军回到中原，留在汉朝作为人质，表示对汉武帝的效忠。

此后不久，西汉政府在楼兰、渠犁（今新疆塔里木河北）和轮台（今新疆库车县东）驻兵屯垦，置校尉。这是汉朝在西域最早设立的军事和行政机构，为后来西域都护的设置奠定了基础。

由于张骞等人的努力，汉朝和西域各国的经济文化交流日趋频繁。西域的汗血马、葡萄、核桃、苜蓿、石榴、胡萝卜和地毯陆续传入内地。汉朝的铸铁、金属工具、丝织品、茶叶等传到了西域，贸易往来和商业繁荣促进了东西方的经济发展。

汉宣帝神爵二年（公元前 60 年），西汉政府设置了西域都护府，总管西域事务，保护往来的商旅。从此，西域正式归于中央政权的统治下。这其实是当时社会政治生活中一件非常重大的事情。西域之路不再是天路，不再是孤旅，因为它把古老的中国和遥远的西方连接在了一起。那时候，张骞早已病逝。

张骞的西域之行丰富了汉朝人民和当时西域各国人民的地理知识，扩大了汉朝人民的地理视野，包括古罗马东部、古印度北部都纳入张骞的记忆版图。西域之行也促进了汉朝与西域各国的文化沟通、思想交流和商业往来。

从张骞开始，西域使者和商人伴随着驼铃之声一路向东，汉朝的使者和商人也不断西行。这才有了后来的丝绸之路和丝路文化。所以，张骞西域之行的意义并不局限于其本身，它对地理学的发展、对人类文明的发展产生了极深远的影响。

在后来 2000 余年中，不论在东方还是在西方，张骞的名字几乎人人皆知，是激励人们探险的一种精神象征。

第十二章 西行的脚印（一）——法显的故事

东晋咸和九年（公元 334 年）的一个夏天，在东晋平阳郡武阳（今山西省襄垣县）一个叫龚家庄的村子，诞生了一个小男孩，他就是中国后来著名的高僧和探险家法显。

法显俗姓龚，父母以种地为生。法显的出生给这个贫寒之家带来了极大的快乐。在法显之前，龚家三个孩子都相继夭亡，父母把希望全部寄托在了这个孩子身上，对这个孩子呵护有加。

一、出　　家

法显自幼体弱多病。3 岁时，一场可怕的疾病降临在他身上。看着奄奄一息的法显，龚氏夫妇痛苦万分。万般无奈之际，决定将小法显送到附近一个叫仙堂寺的寺庙。希望神灵能带来转机，使这个孩子在菩萨的庇护下远离灾祸，健康成长。

佛教产生于公元前 6 世纪的古印度。到公元前 3 世纪，佛教已传播到了中国的新疆地区，并一路东行。到公元前 1 世纪，佛教已经传播到了汉朝的长安。

法显出生的年代正是中国社会动荡不安的魏晋南北朝时期。在仙堂寺，法显找到了生命的依归。东晋咸康三年（公元 337 年），年仅 3 岁的法显剃度出家，成为沙弥，从此开始一心向佛。

法显 10 岁时，他的父亲去世，寡居母亲的生活日益艰难。有一天，叔父找到法显，要他还俗，回去帮母亲干点农活，共度时艰。这时的法显已经做了 7 年和尚，对佛教的信仰深植心中，意志也很坚定。他对叔父说："我本来不是因为有父亲而出家的，正是要远离尘俗才来到这里。"不久，他的母亲也去世了，法显回家办理完丧事即还寺。

在仙堂寺的晨钟暮鼓声中，法显逐渐长大，信仰也日益虔诚。20 岁时，法显接受具足戒，正式成为比丘僧人。寺院的生活和清规戒律潜移默化地改变着法显的精神世界。仙堂寺的古佛青灯陪伴法显又度过了近 30 个春秋。

仙堂寺外面的世界经历了数次王朝兴替。这一时期统治中国北方大部分地区的是氐族人建立的前秦王朝。

东晋太元六年（381 年），一个叫道安的法师在前秦国都长安五重寺开坛讲学，很短时间内，弟子就迅速增加到数千人。在前秦统治者苻坚的鼎力支持下，道安召集了一大批包括来自天竺、西域的外来僧人和本土高僧拣选和翻译佛经。

法显在长安前后十余年。这期间，他拜访了几乎所有的高僧大德，孜孜不倦地研习各种佛教经典。花甲之年时，他已经从一个昔日默默无闻的普通比丘成长为声名赫赫的有为高僧。《出三藏记集》曾经用“志行明敏，仪轨整肃”形容那时的法显。

那时候的佛教信徒已经遍布大江南北，许多规模庞大的僧团组织也应运而生。与此形成明显对比的是缺乏一套系统完整的清规戒律来规范他们的行为。

多年严谨的修行生活使法显成为一个心智坚毅、恪守戒律的虔诚僧人。当时佛教的混乱状况让他心中充满了疑惑，寻求完整的律法已成为法显心中的神圣使命。而完整的律法很有可能就在西方的天竺。

在张骞之后，中国与西域诸国的交往日益频繁。“丝绸之路”的开通，为西域沿途各国和古印度僧人东行弘法提供了便利条件，也为中国人西行求法奠定了基础。

二、西　　行

东晋隆安三年（公元399年），法显离开长安，踏上了西行之路，和他一起西行的还有十来位僧侣。在那个兵荒马乱的动荡年代，出远门、走远路需要的绝不是一般的勇气，况且那时候的法显已经65岁了。

他们从长安出发，翻山越岭，一路西行。次年7月，法显一行到了敦煌。敦煌太守笃信佛教，而且也是中原人，因此就有一种“他乡遇故人”和“惺惺相惜”的感觉。在敦煌太守的资助下，法显一行西出玉门关，踏上了广袤的西域大地。

他们很快来到白龙堆沙漠，这个沙漠位于今天的甘肃瓜州和新疆哈密之间。白龙堆沙漠方圆300多千米，是古代“丝绸之路”的主要通道。那时候正值初秋，暑热未消。在大漠深处，连绵起伏的沙丘正如大海的波涛，让人没有一点儿方向感。沙漠之行无异于死亡之旅，法显在《佛国记》中描写了沙漠的险恶：“上无飞鸟，下无走兽。遍望极目，欲求度处，则莫知所拟，唯以死人枯骨为标帜耳。”

穿过白龙堆沙漠，就到了鄯善国[①]。鄯善国是西域的第一个小国，其国都故址就在今天的罗布泊。鄯善国至今已经消失了1000多年。

法显到来时，鄯善国只剩下它的最后一抹辉煌。100多年后，鄯善国彻底从人们的视野中消失了。在《佛国记》中，法显这样描述鄯善国的风土人情：“其地崎岖薄瘠，俗人衣服粗与汉地同，但以毡褐为异。其国王奉法，可有四千余僧，悉小乘学，诸国俗人及沙门尽行天竺法，但有精粗。”

公元4世纪末的鄯善国，僧人的宗教语言是印度的梵文，在生活习俗与遵行的律法方面也与印度非常接近，这使法显感到意外，不过也更加坚定了西行求法的信念。

在鄯善国休整一个多月，法显一行继续上路。有一天，他们来到一个叫焉夷（今新疆焉耆附近）的小国。焉夷国信奉小乘佛教[②]，而法显一行属于大乘教派，他们在焉夷国受到了冷遇，甚至连食宿都没有着落。他们只好继续西行，穿越塔克拉玛干沙漠后，来到了西域第三个国家于阗（今新疆和田）。那是东晋隆安五年（公元401年）的春天。

当时，小乘佛教在于阗具有极高的地位。信奉大乘佛教的法显一行在这里能受优待吗？法显心中充满了忧虑。

在《佛国记》中，法显这样描写于阗国：“其国丰乐，人民殷盛，尽皆奉法，以法乐相娱。众僧乃数万人，多大乘学，皆有众食。彼国人民星居，家家门前皆起小塔，最小者可高二丈许。作四方僧房，供给客僧及余所须。”

当时正值于阗一年一度的佛诞节，即传说中如来佛祖的生日。佛

---

① 汉昭帝元凤四年（公元前77年）以前称楼兰，以后改国名为鄯善。

② 在梵文中，“乘”含有“乘载”或“道路”的意思，因为佛教信徒对佛法的理解不同而分成大乘和小乘两个不同宗派。大乘佛教倡导普度众生，小乘佛教注重个人修行和解脱。

诞节是于阗举国上下的盛大节日。佛诞节期间，全国所有寺院的僧人要举行隆重的佛像游行仪式。法显亲眼目睹了国王亲自主持的佛像游行仪式，留下了非常深刻的印象。

法显发现，这个盛行小乘佛教的国家并不排斥大乘佛教，一个叫做瞿摩帝的寺院里弘扬的竟然是大乘佛法。这让法显原本悬着的心放了下来。

瞿摩帝寺坐落在今天新疆喀拉喀什河畔的库玛尔山崖间，是一座典型的西域古寺。从残留的遗址中，我们可大致判断当年的宏大与庄严。这对初来乍到的法显无疑是极大的安慰。

在瞿摩帝寺，法显看到了多部佛家经典。这些来自天竺的经典，他在长安的五重寺从来没见过。当时就有西域僧人说，即使将这些佛典带回，也是一件功德无量的事情。

几个月后，法显一行踏上了西行的旅程。有一天，他们来到一个叫竭叉的国家（位于今天新疆塔什库尔干塔吉克自治县境内）。从竭叉国再往西走，就要翻越葱岭（今帕米尔高原）。

翻越葱岭本身就异常艰险，比这更加险恶的是这里经常有强盗出没。在竭叉国，有人就劝阻法显一行不要翻越葱岭，因为葱岭的山谷是强盗的乐园，有无数西行的客商与东去的僧人曾在那里丢掉了性命。

一个月后，法显一行越过葱岭，求法的 11 位僧侣都安然无恙，这确实值得庆幸。或许是法显坚定执着的信念感动了上苍，佛祖保佑他们躲过了雪崩和飞沙砾石，连强盗也没有“光顾”他们。

三、天竺留痕

东晋元兴元年（公元 402 年），法显一行踏上了天竺国土。天竺由 30 余个国家组成，其疆域主要涵盖今天的印度、尼泊尔、巴基斯坦、阿富汗和孟加拉国。此时离他们从长安出发，已经过去了整整 3 年。

法显西行天竺

进入天竺的第一个国家叫陀历，它位于今天的克什米尔西北部达里尔地区。在陀历国，有一尊高达 8 丈的弥勒像，据说再现了弥勒真容。

法显一行没有在陀历国久留，他们越过这个佛法东渐的驿站，沿着克什米尔的崎岖山路往西南方向行走。

渡过印度河就是天竺的乌苌国。乌苌国坐落在北印度腹地，佛陀在那里留下了大量的遗迹。那里佛教兴盛，僧人众多，求法取经者络绎不绝。但法显一行的求法瞻仰才刚刚开始。

那里保留下来的佛教遗迹主要是佛塔，这要归功于历史上著名的贵霜帝国。据说贵霜帝国统治者的祖先就是中国史籍中常常提及的大月氏人。公元前 3 世纪，大月氏人被匈奴击败，被迫西迁，多年后创建了新的国家。

贵霜帝国昔日的都城犍陀罗就在今天巴基斯坦的白沙瓦地区。在白沙瓦南部山地间，有一个叫做塔克提拜的小镇。小镇至今还保存着规模宏大的古代寺院遗址，这正是佛教曾经兴盛过的印迹。

法显到来时，贵霜帝国已经成为历史。

法显不改初衷，他要去佛教的发源地中印度地区。这时候，与法显同行的十个伙伴中，有人想留在原地从师受学，有人想动身返回长安，有人还有其他想法。

法显重新上路，他身边只剩下两位僧人，一位是慧景，一位是道整。东晋元兴元年（公元 402 年）年底，三位志同道合者来到了那竭国（今阿富汗贾拉拉巴德）。据说在那竭国大山深处一个幽暗石窟中可以看到佛祖的影子，但山大林深，小径荒芜，人迹罕至。法显执意前往。

东晋元兴二年（公元 403 年）3 月，法显一行离开那竭国，沿着崎岖小径向西南方的中印度走去，那里是佛教的发源地，也是印度佛教文化最丰富的地区。

在那竭国以南，有一座山脉叫做塞费德科的山脉，当地人把它叫做“小雪山”。当他们爬到小雪山的背阴面时，寒风突起，雪花纷飞。刚刚大病初愈、体质羸弱的慧景倒在了雪地里，再也没能爬起来。埋葬了慧景，法显与道整翻过小雪山，来到中印度境内。

东晋元兴三年（公元 404 年），他重叠着无数朝圣者的脚印，来到迦毗罗卫国（今尼泊尔境内），在一棵菩提树下觉悟解脱之道。

迦毗罗卫国气候温和，土地肥沃，生活悠闲，人民富足，是世间乐土。不过这一切都是很久以前的记忆了。

迦毗罗卫的旷野是大象和狮子的天下，昔日佛祖的圣光已经暗淡。法显所看到的是一片荒芜包裹着的稀疏人家。

东晋义熙元年（公元 405 年）春天，法显南渡恒河，来到摩揭陀国的都城巴达弗邑（今巴特那）。巴达弗邑规模宏大，百业兴旺，人心向佛，他在这里看到了大乘佛教的兴盛景象。

此后的两年，法显在巴达弗邑一边学习梵语，一边潜心抄写经书和律书。公元 5 世纪的古印度，所有文字都刻在贝多罗树叶上，复制那些叫做“贝叶经”的工作是一件极其艰难的事情。它需要智力、体力和耐力的全部投入。所谓“修行”大概就指这些。

四、东　　归

摩揭陀国的日出日落和恒河逝水见证了法显的修行生活。“贝叶经”已经抄写完毕，归期渐至，法显决定踏上归途，而道整决定留下继续修行。

这一年是东晋义熙三年（公元 407 年）。这时法显已年逾 73，而且是孤身一人携带着大量经卷。横亘在这个古稀老人面前的，无疑是一条天路。

有一天，一个西域商人告诉他，在遥远的南方港口，定期会有商船穿越大洋去往东方。

东晋义熙四年（公元 408 年），法显来到多摩梨帝国（今加尔各答西南知德姆卢克）。多摩梨帝国位于恒河三角洲东端，是古代东印度重要的港口和水陆交通中心。在这里，法显看到了大乘佛教和小乘佛教的繁盛局面。寺庙中，那些佛经典籍和佛像绘画渗透着根深蒂固的信仰。

法显决定暂停东归的脚步，在这里抄经学画。这使他更加虔诚，也使他的心境更加平和。

两年后，法显从多摩梨帝国搭乘商船，往西南方向航行，来到僧伽罗国（也叫师子国，来自梵语古名 Simhalauipa，今斯里兰卡）。

公元前 2 世纪，印度孔雀王朝将佛教传入僧伽罗国。在统治者的大力倡导下，僧伽罗国的佛教日益昌盛。始建于公元前 5 世纪的阿努拉达普拉是僧伽罗国的古都和佛教圣地，位于今天斯里兰卡中北部。公元前 3 ～ 10 世纪的 1300 年间，阿努拉达普拉一直是僧伽罗王朝的都城。

法显到来的时候，正是阿努达拉普拉的繁盛时期。城北有一座叫做无畏山寺的佛教寺院，是整个僧伽罗国佛教的中心。法显当年就居住在这里。无畏山寺规模宏大，僧侣众多，整齐有序的精舍内供奉着精美的佛像，参拜者络绎不绝。无畏山寺有一棵高达二十多丈的菩提树，相传是从佛祖悟道的菩提树上接种而来。

法显在《佛国记》中提到："于王城北迹起大塔，高四十丈，金银庄校，众宝合成。塔边复起一僧珈蓝，名无畏山，有五千僧。起一佛殿，金银刻镂，悉以众宝。中有一青玉像，高一丈许，通身七宝炎光，威相严显，非言所载。右掌中有一无价宝珠。"

无畏山寺浓郁的宗教氛围留住了法显的脚步。在藏经室里，法显发现了许多珍贵的经书典籍，其中的《长阿含经》《弥沙塞律藏本》是他以前闻所未闻、见所未见的。法显决定在此抄写经书。

东晋义熙七年（公元 411 年）8 月，法显乘坐一艘帆船东行。此时的法显已经 77 岁。印度洋波涛汹涌，法显双手合十，希望佛祖保佑。一路惊涛骇浪，一路惊魂未定，所有的艰难困苦都被他们一一克服。自狮子国乘商船东归，中途经耶婆提（今爪哇岛）换船北航。东晋义熙八年（公元 412 年），商船抵达东晋青州的长广郡（今山东青岛崂山）。13 年来，历经千辛万苦，穿越 30 余国，他带回来的是无价的精神财富。

据史料记载，法显带回的经书有12部，60余卷，100多万言，都是他亲手抄写的，而且都是梵文。此时的法显渴望将这些梵文典籍翻译成汉文，并将其传播四方，但首先要做的是必须给它们找一个安家的地方。

在法显离开的13年间，战争摧残和社会动荡已使长安破烂不堪，而此时东晋的都城建康（今南京）却是一派国泰民安、佛教事业欣欣向荣的景象。法显决定去建康。

在建康，法显与同道高僧呕心沥血，翻译佛经。2年时间，收获颇丰，主要翻译了《摩诃僧祇律》和《大般泥洹经》，对规范僧人行为和传播佛教思想做出了巨大贡献。

79岁那年，法显离开建康，来到荆州江陵一个叫辛寺的寺庙里。这个寺庙位置偏远，寺庙狭小，但纷扰甚少，正适合静心修行。几年后，一本叫做“佛国记”的宗教和地理探险著作诞生。

东晋元熙二年（公元420年），法显在荆州江陵悄然离世，享年86岁。

《佛国记》又名《法显传》《历游天竺记》《历游天竺记传》等，现存较早藏本为宋藏本。全书记述了作者从东晋隆安三年（公元399年）至东晋义熙八年（公元412年）的旅行经历，体裁是一部典型的游记，也属于佛教地志类著作。这本书是研究中国与古印度、巴基斯坦等国的历史、地理及交通的重要史料。伴随佛教而来的西域、古印度文化，在语言、艺术、政治、经济、地理等方面对我国文化产生了积极影响。

作为一个先驱者，法显给我们留下了西行的见闻和佛教的经书典籍，留下了地理探险的足迹，更留下了一种精神，那就是在理想甚至梦想感召下的执意追求和永不言弃。

第十三章

为《水经》作注释，为地理建坐标——郦道元的故事

魏晋南北朝是个引人驻足的时代。从 4 世纪初起，中国大地开始了一场大规模的混乱，包括王公贵族和平民百姓在内的众多人群都感受到了那场混乱，或被卷入其中。

动荡不安的社会不可避免地在自然地理环境和人文地理环境方面产生了深刻的影响。有一个人在这期间做出了突出贡献，他就是为《水经》作注的郦道元。

一、时代背景

魏晋南北朝时期，长城无法阻止北方游牧民族南下。“八王之乱”和“五胡乱华”波及广大人群。部落或民族迁徙也会带来新的文化，包括地理观念和生活习俗。

对多样地理环境的感受构成了当时知识分子现实生活和思想方面的强烈对比，拓宽了他们的眼界，丰富了他们的地理知识。社会动荡、人口迁徙和思想交流为许多地理学家或热爱地理的人提供了诸多机会。

地理思想的活跃伴随着社会政治势力的此起彼伏。郦道元就出生在这样一个时代。

郦道元（约公元469/472—527），字善长，范阳涿州人。他的家乡在一个叫郦亭的地方。在《魏书》《北史》和他自己的著作《水经注》中都有记载。

郦道元祖籍华北，且世居华北。当时的华北是北方少数民族的天下。郦氏家族本是汉族，却始终居住和生活在北魏。郦道元的曾祖父郦绍原来在鲜卑族的后燕政权中任濮阳太守，不久北魏取代了后燕，他又任北魏的兖州监军。郦道元的祖父郦嵩官至北魏的天水太守。郦道元的父亲郦范任职北魏明元帝的给事东宫，教育和辅佐太子。这或许才是郦氏家族走向辉煌的开始。

那时候，北魏王朝从上到下实行汉化政策，有很多汉族知识分子得到重用。郦道元一家就是其中之一。

郦道元历任治书侍御史、冀州镇东府长史、颍川太守、鲁阳太守、东荆州刺史、河南尹、黄门侍郎、侍中兼摄行台尚书和御史中尉等官职。据《魏书·官氏志》记载，他最后的几项官职，如河南尹、御史中尉等，均属三品。到这时，郦道元已经进入北魏王朝高级官吏的行列了。

郦道元出身世宦之家，成长在书香门第。从《水经注》所引文献中经常出现的四书五经，以及他在注文中对尧舜孔孟等的推崇，可大致猜测他的教育背景。那是一种正统思想的熏陶，也是一种良好家风的传承。

二、为《水经》做注

那时期，地理学思想空前活跃，出现了大量的地理著作，当然，主要还是游记，如曾任宜都太守的东晋袁山松所撰的《宜都山川记》。和先秦时代的《山海经》《尚书·禹贡》《穆天子传》等地理著作相比，这时期的地理著作基本摆脱了神话传说和狂野想象，而是以亲身经历、间接获取或文献考证为依据，记载翔实、描述生动的地理著作。《水经注》就是其中的佼佼者。

从少年时代开始，郦道元就喜爱游览。每到一地，除参观名胜古迹外，他还用心勘察地势水流，了解沿岸地理、地貌、土壤、气候，以及人物和地域的变迁。

他发现，地理书《水经》虽然记录了许多大小河流，但对其来龙去脉缺乏准确记载。而且，由于时代更替，城邑兴衰，有些河流改道，名称也与往昔不同，但书上却未加以补充和说明。郦道元觉得给《水经》作注已经刻不容缓。很多年后，一本地理学著作诞生，这就是郦道元的《水经注》。

《水经注》是郦道元多年心血的结晶。为了完成这部著作，他阅读了很多相关书籍，文献中说多达 400 种。他查阅了秦汉以来所有能看到的地图，研究了大量文物资料，还亲自到实地考察，核实书上的记载。

《水经》是东汉地理学家桑钦所著的一部地理学著作。《水经》原来记载的大小河流有137条，共1万多字。经过郦道元注释以后，大小河流增加到1252条，共30多万字，比原著增加20多倍。这已经不是作注释，而是在注释的基础上完成的一次创造。为了完成《水经注》，郦道元引用文献470余种、金石碑刻350余种，另有大量未指明来源的地图、方志、歌谣、谚语等。

《水经注》以河川为纲，包括自然地理与人文地理的各个方面，也包括沿革地理和地名。书中记述了各条河流的发源与流向，各个流域的地形地貌、人口变迁和社会发展，以及火山、温泉和水利工程等。每一条河流按其与支流流域的分布形成若干区域，每个区域都是自然地理和人文地理的综合体。

郦道元做了大量野外考察。父亲郦范任青州刺史时，他随父于任所，后来踏上仕途，更是不遗余力。他到过的地方，不论是山川城邑、水系分布、人世变迁，还是草木景物等，都一一记录在案。这对于他后来完成《水经注》积累了许多认识和资料。

工作之余，郦道元把他的精力和时间都倾注在《水经注》的撰写之中。凡足迹所到之处，都尽情记录其中，而且是活灵活现、栩栩如生。对于那些未能亲履之地，凡名山大川、江河溪流，他总是想尽一切办法搜集文献，再三斟酌，谨慎遴选，最终付诸笔端。作为一本地理学书籍，《水经注》中的文字都经过了刻意加工，其系统性、科学性和文学性都是空前的。

在《水经注》中，描写河山的文字俯拾即是，其中两篇成为历来传诵的千古杰作。一篇记述了黄河的孟门瀑布，另一篇记述了著名的长江三峡。

《水经注》中的孟门瀑布其实就是今天的黄河壶口瀑布，位于陕西省宜川县以东、山西省吉县以西的黄河上。由于两岸山势紧逼，黄河河床从200～300米在此骤然紧缩到30～50米，形如壶口倒悬，所以今称之为壶口瀑布。水流从30米高处倾泻而下，形成《水经注》中所描述的人间奇观。

《水经注》中描写长江三峡的篇幅很多，其中最著名的一段是卷三十四的《江水》注释，文字不长，援引如下。

> 自三峡七百里中，两岸连山，略无阙处；重岩叠嶂，隐天蔽日，自非亭午夜分，不见曦月。
>
> 至于夏水襄陵，沿溯阻绝。或王命急宣，有时朝发白帝，暮到江陵，其间千二百里，虽乘奔御风，不以疾也。
>
> 春冬之时，则素湍绿潭，迴清倒影。绝巘多生怪柏，悬泉瀑布，飞漱其间。清荣峻茂，良多趣味。
>
> 每至晴初霜旦，林寒涧肃，常有高猿长啸，属引凄异，空谷传响，哀转久绝。故渔者歌曰："巴东三峡巫峡长，猿鸣三声泪沾裳！"

这算不算千古锦绣文章？很多人可能已经想到了盛唐时期的浪漫主义诗人李白。读过了郦道元描写的长江三峡，再来读李白的《早发白帝城》，你一定会有新的感悟：

> 朝辞白帝彩云间，
> 千里江陵一日还。
> 两岸猿声啼不住，
> 轻舟已过万重山。

三、伟大贡献

《水经注》是杰出的地理学著作，同时兼具历史学、金石学、语言学和文学价值。郦道元毕其一生之心血，完成了这部地理学理论和实践的不朽作品。

《水经注》不仅是一部河流水文地理著作，也是一部以河流为纲的区域地理著作。《水经注》以西汉时期的版图为基础，讲述了若干地区兼及域外，对许多重要河流及其流域进行了综合性的描述，内容包括自然地理和人文地理。

此外，《水经注》还涉及人物、战争、地域、民族、环境和景观等要素，因此《水经注》描写的内容涉及历史地理学、军事地理学、旅游地理学、自然地理学和经济地理学等方面。《水经注》是郦道元综合地理学思想的最好作品。

《水经注》文字优美生动，也算得上是一部文学作品。它对后来中国社会的贡献已经超越了地理学本身，在中国乃至世界的科学文化发展史上，《水经注》留下了自己的印迹。

另外，30多万字的《水经注》中还记录了郦道元的毕生遭遇。文字之间饱含着他的感情和思想倾向。《水经注》也成为后世对郦道元一生各个方面进行评述的第一手资料。从这个角度看，《水经注》又是一部带有自传性质的著作。

第十四章

西行的脚印（二）——玄奘的故事

在中国，玄奘是一个家喻户晓的人物。人们通常是通过小说《西游记》认识了那个相貌端庄、不近红尘，有时候还有些糊涂和固执的玄奘的。后来的电视剧更是让玄奘的形象走进了千家万户。

但那个形象并不完全真实。

在本章，笔者从历史的层面带你认识那个有非凡魅力、坚韧毅力、高深学问、一心向佛的探险家玄奘。

隋仁寿二年（公元602年），在洛州（今河南洛阳）附近一个叫陈家庄的小村子诞生了一个小男孩。很多年后，人们都知道这个男孩叫玄奘，却连他的姓也忘记了。

小男孩俗姓陈。高祖和曾祖做过北魏太守，祖父是国子博士，父亲当过隋朝的县令。幼年时期的玄奘受到了良好的儒家文化熏陶。

一、踏入佛门

在玄奘5岁时，母亲去世了。10岁时，父亲也去世了。童年的玄奘初识人生无常，更感孤苦无援。生活无着落的玄奘只好随兄长来到洛州的一座佛寺，从此踏入佛门。

到玄奘那个时代，佛教在中国已广泛传播。洛州是佛教的重要中心，有非常浓厚的佛学氛围，玄奘在这里找到了符合自己天性的修行生活。

唐武德元年（公元618年），玄奘来到长安。那时候，隋朝已经灭亡，改朝换代的惨烈也殃及长安的寺院。玄奘选择南下游学修行。此后的7年间，玄奘从未停止寻找佛法的真谛。先后游历汉川、成都、苏州、扬州、相州、赵州等地。7年之后，玄奘已经声名鹊起。但是博大精深的佛学更使玄奘感到困惑。

博大精深也意味着难以穷尽。来自印度的佛经并不齐全，误译、误解和误导的事情常常发生。这也是佛教领域教派众多的重要原因。

玄奘决定前往天竺，到佛教的发源地寻求佛法的真谛。玄奘上书朝廷，请求西行。那时候，立国不久的大唐王朝千头万绪，顾不上西天取经。而且，北方强大的突厥是国家安全的重要隐患，唐朝实行禁边政策，西行计划只能搁置。

二、西行之路

唐贞观元年（公元 627 年）秋天，饥荒笼罩长安，官方允许百姓出城求生，28 岁的玄奘跟着逃荒队伍离开了长安。他不是去求生，而是去取经。因为那时候官府仍然实行禁边政策。

玄奘一路西行。一个月后，他抵达凉州（今甘肃武威）。凉州是河西走廊的门户，是东西方商人和行旅的必经之地和重要驿站，当时凉州正处于突厥和吐蕃的双重夹击之下，城内氛围紧张，军队戒备森严。没有官府允许，任何人不得西行。

凉州的百姓信奉佛教，浓厚的宗教氛围非常适合讲经传道，玄奘在讲经的同时寻求西行的机会。玄奘虽然年轻，却很有名望，顶礼膜拜者众多。

有人向官府透露了玄奘西行的意图，于是凉州太守勒令玄奘立刻返回长安。执意西行的玄奘不得不提前动身，在两个僧人的掩护下，乘着夜色离开了凉州城。

玄奘沿着河西走廊，昼伏夜行，来到了大漠深处的瓜州。瓜州隶属凉州，是大唐西部边疆最后一个军事重镇，也是中原通往西域的咽喉要道。瓜州城风声鹤唳，玄奘隐名埋姓，找到一家客栈住下。下一步就要偷渡边境的关卡。这个关卡正是唐朝诗人王之涣《凉州词》中的那个玉门关。

自唐朝以来，玉门关就是荒凉和遥远的代名词。蓝天白云下，汉长城遗址历历在目。与汉长城相对应的，是古老的烽火台。玄奘将要走的，就是这样一条沧桑之路。

在一个信奉佛教的当地胡人的帮助下，玄奘离开瓜州向西行进，不过，这时候玄奘有了一匹枣红马，是一位笃信佛教的老人送给他的。出了玉门关，穿过一片广袤的沙海，才能到达西域的第一个小国伊吾。玄奘独自前行。

中国古代典籍把这片沙海叫做莫贺延碛。莫贺延碛位于今天的甘肃瓜州和新疆哈密之间，是古代“丝绸之路”的必经之处。

《大唐西域记》中记述有：“莫贺延碛长八百余里，上无飞鸟，下无走兽，复无水草，……夜则妖魑举火烂若繁星，昼则惊风拥沙散如时雨”。大漠空旷，岁月如烟，身边只有夕阳相伴。

在四五天的时间里，玄奘经历了迷路和盛水皮囊破裂的双重打击，在信念的支撑下终于走出了那片沙海。

前面不远就是星星峡，过了星星峡就是当年的西域。两天后，玄奘来到西域的第一个小国伊吾。

玄奘受到了伊吾国寺庙僧侣的热情款待。几天之后，他继续西行。

唐贞观元年（公元 627 年）冬天，玄奘来到了高昌（今新疆吐鲁番东南）。高昌是西域第一大国（建国时间为公元 499 ～ 640 年），国人普遍信奉佛教。令玄奘大感意外的是，高昌国王对玄奘格外亲善，亲自到宫门外迎接。

高昌位于今天新疆的吐鲁番盆地，都城就坐落在火焰山脚下。西汉时在这里设置郡县，成为中原王朝管辖西域地区的重要门户。汉朝灭亡后，大批汉人由河西走廊迁往西域，高昌成为重要据点，是一个典型的移民地区。公元 499 年，高昌建国。当玄奘到来的时候，高昌国已经延续了 100 多年。当时的国王麴文泰的祖籍在中原。

玄奘是大唐高僧，其声名早已传到高昌。

据文献记载和考古发现，麴氏家族统治高昌期间，佛教日臻兴盛。高昌国佛寺广布，僧尼众多，留存至今的交河故城及其周围的众多寺院就是最重要的证明，皇室主持修造的柏孜克里克石窟在西域地区影响巨大。

麴文泰希望玄奘留下来，成为高昌的宗教领袖，但玄奘的西行意志坚定。麴文泰以遣返大唐威胁玄奘，但玄奘以绝食相对抗。最后，国王只能屈服。《大唐大慈恩寺三藏法师传》中记载了高昌王的一句话，麴文泰对玄奘说："任法师西行，乞垂早食。"

最终打动麴文泰的正是玄奘的修养、学识和舍身求法的决心。国王和玄奘在佛祖面前结拜为兄弟。国王慷慨表示，将全力支持玄奘西行取经，玄奘慨然允诺，从印度求法归来后在高昌讲经三年，这也成为"丝绸之路"探险史上的一段佳话和传奇故事。

随后，玄奘从高昌出发。这一次他不是孤身一人，而是有高昌官员和随从陪护，有向导引路，有徒弟跟随，有大量物资支持，包括黄金、白银和凌绢，还有写给沿途所经国家的通关文牒。这些都是麴文泰为他准备的。

很多天后，玄奘一行进入焉耆国的领地。焉耆是西域路上的重要国家，其主要部分在今新疆的库尔勒市境内。《大唐西域记》中记述有："东西六百余里。南北四百余里。国大都城周六七里。四面据山道险易守。泉流交带引水为田……文字则取印度。微有缯绢服饰毡褐。断发无巾货用金钱银钱小铜钱。王其国人也。勇而寡略好自称伐。国无纲纪法不整肃。"

在这个"国无纲纪、法不整肃"的国家，玄奘一行遭遇了一次强盗抢劫，但所幸损失不大。

唐贞观二年（公元628年）春天，玄奘一行来到焉耆都城。焉耆与高昌相邻，但两国并不友好。玄奘一行在此只停留了一夜就离开了。

再往西，就是龟兹国。龟兹国的主要部分位于今天新疆的库车县。龟兹是古代西域名望显赫的国家。汉朝曾在此设置西域都护，统辖天山南北，汉朝灭亡后，中原王朝动荡不安，龟兹的主人也如匆匆过客。再后来，这里成为唐代安西四镇之一。

玄奘到来的时候，一位白姓国王统治着龟兹，支持他的是强大的西突厥汗国。

公元前一世纪，佛教开始传到龟兹。后来的几百年间，龟兹一直是西域最重要的佛教文化中心。这里寺院林立，佛法兴盛。

玄奘的队伍受到了龟兹人的热烈欢迎。第二天，国王在王宫设宴款待玄奘。此时的玄奘，不仅是大唐高僧，还是高昌王的兄弟，很受重视。

龟兹拥有比莫高窟历史更加久远的石窟艺术，被现代石窟艺术家称作“第二个敦煌莫高窟”。位于今天新疆库车县的克孜尔千佛洞是龟兹境内最大的佛教洞窟群，洞中壁画生动地再现了龟兹人心目中的天国情形：绝尘的风格、世俗的追求、华丽的想象和天国的醉人气息令人费解地混杂在一起。

龟兹人擅长乐舞。龟兹乐舞融入了广泛的佛教因素，表现的却是平日的生活场面。

出了龟兹西行，两三天之后，就要翻越一座巨大的高原——葱岭（今帕米尔高原）。它由另外两大著名山系会合而成，一座是昆仑山，一座是天山。两座山系在那里形成一道天然屏障。穿过屏障往西，便是广袤的中亚大草原，那里是西突厥汗国的领地。沿着草原南下，离印度就越来越近了。

据向导介绍，在一个叫凌山（在今新疆西部的温宿县一带的巴迭里山口）的地方有一条羊肠小道，只能从那里穿越葱岭。凌山在葱岭偏北的地方，险峻陡峭，山峰直插云霄，冰雪终年不化，积而为凌，故名凌山。

那时候正是冬天，大雪封山，雪路未开，玄奘就在龟兹开坛讲经，在讲经说法中等待冰雪消融。

终于等来了春回大地、万物复苏。玄奘一行离开龟兹。凌山渐近，遥远的雪山历历在目。那时候，雪峰与天空相连，抬头仰望，边际模糊。路两边冰块无数，杂乱堆积，蹊径崎岖，登涉艰难。《大唐西域记》中描写了当时玄奘一行穿越凌山的情景：“国西北行三百余里度石碛至凌山。此则葱岭北原。水多东流矣。山谷积雪春夏合冻。虽时消泮寻复结冰。经途险阻寒风惨烈。多暴龙难凌犯行人。由此路者。不得赭衣持瓠大声叫唤。微有违犯灾祸目睹。暴风奋发飞沙雨石。遇者丧没难以全生。”

跋涉在海拔五六千米的雪山上，各种恶劣的自然因素都会遇到，包括雪崩、寒风和飞沙走石。西行队伍用了 7 天时间终于越过葱岭。却有将近一半人永远留在雪山深处。在玄奘留下的两本书里，很多细节都是一带而过。

三、穿越中亚

唐贞观二年（公元 628 年）春天，玄奘一行走出西域，进入中亚。展现在眼前的是一个大湖，玄奘把它叫大清池。大清池方圆 1500 多里，四面环山，水色青黑，味道苦咸。

《大唐西域记》中记述有："山行四百余里至大清池（或名热海又谓咸海）周千余里。东西长南北狭。四面负山众流交凑。色带青黑味兼咸苦。洪涛浩汗惊波汩淴。龙鱼杂处灵怪间起。所以往来行旅祷以祈福。"

这个大湖位于今天吉尔吉斯斯坦境内，不过名字已经从大清池变成了伊塞克湖，它就是中国古文献中出现频率很高的热海。古代典籍中的热海给人一种陌生的异域感觉：宏大与遥远相伴，神秘与梦幻兼具。玄奘到来的时候，热海烟波浩渺，全然一幅自然天成的水墨画卷。

自古以来，亚欧大陆北部就是游牧民族的天下，毡帐和羊群所到之处，就是一个国家或部落。秦汉之际，匈奴人建立了第一个草原帝国，继匈奴人之后，鲜卑人成为这片草原的主人。6 世纪，突厥人席卷了整个草原。

玄奘西行的时候，突厥汗国已经一分为二。东突厥在蒙古高原拥兵自重，西突厥在中亚大地闲庭信步。

脚踏西突厥的领地，就必须拜会伟大的可汗。没有可汗的支持，远行印度几无可能。可是，信奉拜火教的突厥王庭能容忍这些"异教徒”吗?

很多天后，玄奘一行来到位于碎叶的西突厥王庭。碎叶城遗址距离今天吉尔吉斯斯坦共和国首都比什凯克约60千米，在一个叫做托克马克的地方。

时间已经到了唐贞观二年（公元628年）的夏天。那时，西突厥与大唐交往密切，共同敌人是东突厥。

西突厥可汗对玄奘礼遇有加。在可汗眼里，大唐高僧、高昌王弟、文化使者等多重身份使玄奘身价倍增。

在可汗的亲自安排下，玄奘补充了给养，遴选了向导和翻译，又开始上路。

再往西走，玄奘一行来到了一个叫千泉的地方。那是一个水源充足、土地肥沃、莺飞草长的地方，也是可汗的避暑胜地。

从千泉往西行很多天，到了一座阳光照耀下的孤独小城，生活在小城里的300多户人家都是汉人，衣着与突厥人相仿，语言和习俗却是汉人的风格。他们属于一个叫赭石的国家，这个国家方圆1000多里，有几十座城池，各自有君主和酋长，但总体还在西突厥的控制之下。赭石国大概位置在今天乌兹别克斯坦的首都塔什干附近，中国古文献把赭石国叫做石国，为了纪念故国辉煌，他们的后裔大多以石为姓。

翻山越岭，跋涉大漠。很多天后，玄奘一行来到了飒秣建国。据《大唐西域记》记载:“飒秣建国，周千六七百里。东西长南北狭。国大都城周二十余里。极险固多居人。异方宝货多聚此国。土地沃壤稼穑备植。林树蓊郁花果滋茂。多出善马。”

飒秣建国的都城是撒马尔罕，是世界上最古老的城市之一，也是中亚最富传奇色彩的城市。城池方圆20余里，地势险固，居民众多。这里是东西方政治、宗教、贸易和文化的重要驿站，在那里，古希腊人、波斯人、印度人和蒙古人都留下了属于自己的文化记忆。

撒马尔罕人信奉拜火教，属于“异教徒”的玄奘一行自然不受欢迎。玄奘有高昌王和西突厥可汗的推荐信函，在飒秣建国国王的安排下，玄奘一行得以休整几天。《三藏法师传》中记述，玄奘利用那几天时间讲解佛法，很快就使国王放弃了拜火教，按照佛教的礼仪生活。玄奘离开以后，撒马尔罕的佛教寺院又响起了绵绵诵经声。

撒马尔罕就是中国古文献中记载的康国，那里的人多以康为姓。

离开撒马尔罕，玄奘一行继续前行，来到一个叫结霜那的小国。结霜那位于今天乌兹别克斯坦首都塔什干西南200多千米的沙赫里萨布兹。中国古文献把这里叫做史国，当地人也多姓史。

离开结霜那之后，玄奘来到古代中亚最著名的关口——铁门关。当时，把守铁门的是突厥人。有西突厥可汗的通关文牒和专门护送，守关士兵对玄奘是“一路绿灯”。

出了铁门关，继续南行，玄奘一行来到一个叫怛蜜的国家。这个国家在我国古代文献中多有记载，《新唐书》称之为“怛满”，《元史》称之为“忒耳迷”，《明史》称之为“迭里迷”。公元前3世纪，这里属于大夏国。公元前2世纪，古希腊文化渗透到这里。公元1～2世纪，这里是贵霜帝国重要的佛教中心。

在怛蜜国中部，蜿蜒流淌着中亚最大的内陆河——阿姆河。在阿姆河右岸，有一座叫做铁尔梅兹的城市，据说就是怛蜜国的国都。

《大唐西域记》中记载：“怛蜜国东西六百余里，南北四百余里，都城方圆二十余里，东西长南北狭，有伽蓝十余所，僧徒千余人。”佛教的繁荣局面由此可知。玄奘离开后，仅仅过了一个世纪，伊斯兰教就在这里开花结果。

穿过中亚大草原，沿着阿姆河前行。玄奘来到另一个小国活国。活国在今天的阿富汗境内。玄奘一行在活国没有久留。几天后翻越大雪山（今兴都库什山），一路艰辛自不必说。过了大雪山，玄奘一行来到迦毕试国。

迦毕试国距离今天阿富汗东部喀布尔河沿岸的贾拉拉巴德不远。从公元1世纪开始，尊崇佛教的贵霜帝国统治喀布尔河流域大约5个世纪，因此这里的佛教气息浓厚，僧人备受尊重。《大唐西域记》中的迦毕试国仿佛让人看到了万里之外的故乡的影子。

沿着喀布尔河往南走就是印度河，两河交汇之处是一个渡口。过了渡口，就是印度地界，突厥的影响止于此地。过了印度河，玄奘师徒三人来到犍陀罗国。时间是唐贞观二年（公元628年）秋天。

四、游学印度

犍陀罗国是印度次大陆北方的门户，古希腊文化、古罗马文化、波斯文化、古印度文化及草原文化在这里交汇。

犍陀罗国位于今天巴基斯坦西北白沙瓦一带。在白沙瓦附近，一个叫塔克西拉的地方保存着巴基斯坦规模宏大的古代僧院遗址。这座建在悬崖上的僧院遗址很容易使人联想到佛教在犍陀罗国的辉煌。

公元1～2世纪，一个叫迦腻色迦的帝王将贵霜帝国带入鼎盛时期。贵霜帝国以犍陀罗国为中心，大力推广佛教。从那时开始，佛教沿着“丝绸之路”一路向东，传入中国。

玄奘到达犍陀罗国的时候，佛教的兴盛已成为过去，生活在这里的人普遍信奉印度教。很多寺院早已破败，远山荒芜，佛塔倾颓，庙宇破烂不堪。城内空荡荒芜，居民稀少。《大唐西域记》中记载：“健驮罗国。东西千余里。南北八百余里。东临信度河。国大都城号布路沙布逻。周四十余里。王族绝嗣。役属迦毕试国。邑里空荒居人稀少。宫城一隅有千余户。谷稼殷盛花果繁茂。多甘蔗出石蜜。……多敬异道少信正法。……僧伽蓝千余所。尽皆摧残荒废芜漫萧条。”

根据《大唐西域记》的记述，玄奘到塔克西拉的时候，很多佛教建筑已经成为古迹。城东南有一颗大菩提树，菩提树旁有一座佛塔，佛塔旁有一尊佛像，据说是迦腻色迦王在位时建造的。夕阳西下时分，一切都笼罩着一层神秘色彩。

离开犍陀罗国，玄奘一行来到迦湿弥罗国（即今克什米尔地区）。根据记载，当时的古印度分为很多个国家，迦湿弥罗国就是其中之一。迦湿弥罗国有寺院 100 多所，僧侣 5000 多人。

唐贞观三年（公元 629 年）秋天，玄奘离开迦湿弥罗国继续南下，来到一个叫至那仆底的小国。据《三藏法师传》记载，汉朝时，一位中国皇子曾经居住在至那仆底国，所以那里的人对玄奘也很亲善。

唐贞观五年（公元 631 年）春天，玄奘来到了恒河边。恒河发源于喜马拉雅山，向东南注入印度洋，长约 2500 余千米。

在这里，玄奘遭遇了一次劫难，他被一群强盗劫持。这群强盗信奉恒河女神，他们认为女神住在白雪皑皑的喜马拉雅山上，宫殿就在恒河的源头。每年春秋季节，他们都要找一个容貌端庄的人祭祀女神，他们看中了玄奘。

手无寸铁的师徒三人成了笼中鸟，命悬一线，玄奘只能祈祷。正当这群强盗准备动手的时候，突然刮起了狂风，狂风卷起了飞沙，连大树都被折断了，恒河河面上大浪汹涌，船快要被掀翻了。强盗以为自己得罪了天神，扔下凶器仓皇逃命，恒河复归平静，玄奘一行化险为夷。

唐贞观五年（公元 631 年）夏天，躲过一劫的玄奘来到迦毗罗卫国。这里是佛祖诞生的地方。据记载，这里有释迦族的浴池，池水清澈皎洁，花朵竞相开放。佛祖在悟道之前，名为乔达摩•悉达多（巴利文为 Gotama Siddhattha；梵文为 Siddhārtha Gautama，公元前 565—前 486）。

玄奘到达的时候，迦毗罗卫国的繁荣已经不再，引导佛祖顿悟的那棵菩提树也已干枯。《大唐西域记》中的记载令人感慨万千：“有空城十多座，寺院遗址一千多所，大小未知，都城倒塌，佛寺荒芜，人烟稀少，僧侣罕见”。

离开迦毗罗卫国以后，玄奘来到了鹿野苑。公元前 6 世纪，佛祖曾在鹿野苑讲经说法。佛祖圆寂 200 多年后，孔雀王朝的阿育王皈依佛门，在鹿野苑竖起了高耸的石柱。鹿野苑建筑华丽，僧人众多，但距鹿野苑不远的瓦拉纳西却沐浴在印度教的浓郁氛围中。

唐贞观五年（公元 631 年）秋天，玄奘抵达摩揭陀，到达那烂陀寺。那烂陀寺是玄奘西行的目的地。这时，距离玄奘从长安城出发已经过去了 4 年。4 年时间，玄奘体验了各种艰难险阻。

那烂陀寺位于印度北方比哈尔邦境内的巴腊贡，这个地方距离今天比哈尔邦首府巴特那不远。公元前 6 世纪，佛祖曾在此地的芒果园说法。千年之后，那烂陀的佛教依然兴盛，在这里，学术繁荣和文化繁荣相映衬。当玄奘来到那烂陀的时候，佛寺的诵经声一如往日。但在印度其他地方，佛教已走过了昔日的辉煌。

由于历代君王的慷慨捐助，寺院规模宏大，气势非凡。

根据《大唐西域记》的记载，那烂陀寺的僧侣不仅研习佛学经典，还学习和研究很多别的知识，如因明学、声明学、工程技术、天文历算、医学和数学。学生（或僧徒）常有万人，导师也有 1000 多人，学习的僧人除印度人外，还有许多人来自周围的国家，包括玄奘。那烂陀不仅是一座寺院，更像是一所大学。《大唐西域记》中记载了寺院的经费来源，根据国王的指令，那烂陀周围上百个城镇的税收专门供养寺院。

玄奘在那烂陀寺找到了精神家园。5 年之后，玄奘决定再次游学，又用了 3 年时间走遍了整个印度，记下了那里各种奇怪的风俗习惯。后来又经历了开坛讲经辩论以及与东印度戒日王短暂的会面。

五、天竺归来

唐贞观十五年（公元 641 年）春末，玄奘踏上了归国之路，带回了大批的佛像和经卷。戒日王和那烂陀寺的僧众前来送行。

6 年之后，戒日王去世了，佛教在这一地区也迅速衰落。到 12 世纪，佛教在那烂陀寺走向终结，这也标志着佛教在印度的终结。

在过印度河的时候，发生了一场灾难。玄奘一行乘坐的船只行驶到河流中央，忽然风波乱起，船只几乎覆没，玄奘等人也差点儿掉入河中，风浪过后，还是几十本经书掉进了水里。

唐贞观十七年（公元 643 年）夏天，玄奘到了葱岭（今帕米尔高原）。印度越来越远。玄奘没有忘记 17 年前他和高昌国王的约定。在回到大唐之前，玄奘必须到高昌践行自己的诺言。

出了葱岭。玄奘得知，高昌王麴文泰已经去世，高昌如今已是大唐的领地了。于是玄奘决定不走北线，而从南线直接返回大唐。

由于玄奘是“偷渡”出国的，严格说来是违法的。但是，回归要想正大光明，必须取得唐太宗的谅解。他派人送信到长安，自己停步于阗。

在信中，玄奘承认了当初违抗圣旨私自出国的错误；历数了路途的漫长和艰难曲折；陈述了自己在那烂陀寺的学习生活和所取经卷；极力渲染了一路所经国家和地区的奇风异俗和山川地理。并且把一切收获都归功于太宗皇帝。玄奘态度诚恳，语言平实，情动于中，见于外。

此时的唐太宗政治根基坚如磐石，国家面貌日新月异，社会各业欣欣向荣，正处在人心所向、众望所归的巅峰时期。这时候，最需要的就是一个学养深厚、德高望重的文化使者，而玄奘就是那个最佳人选。

半年之后，大唐的特使来到于阗，太宗皇帝非但没有问罪于他，还为他安排好了归国的行程。

唐贞观十八年（公元 644 年）夏天，玄奘离开于阗，沿着塔克拉玛干沙漠的南部边缘前行。唐贞观十九年（公元 645 年）年初，玄奘回到长安。这时候，离玄奘离开长安已经过去了 18 年，在这个不短的时间里，长安日臻繁华，玄奘却不再年轻。

玄奘抵达长安的第二天，长安城举行了盛大的欢迎仪式，看到这个身形高大、眉目疏朗、气质儒雅的高僧，唐太宗有些相见恨晚。一段时间里，太宗皇帝和玄奘多有交流，关怀备至。

玄奘用了 18 年时间，跋涉 5 万余里，走过了 100 多个国家，带回了大量经卷典籍、佛像舍利、奇珍异物以及闻所未闻的故事。同样重要的是，他的地理见闻在同时代是绝无仅有的。

玄奘

唐贞观二十年（公元 646 年）夏天，玄奘写成了《大唐西域记》[①]。这部 12 卷本著作是玄奘献给太宗皇帝的礼物。

《大唐西域记》属地理史籍，书中记载了玄奘亲身经历和传闻得知的 138 个国家、地区、城邦的概况，包括疆域、气候、山川、风土、人情、语言、宗教、佛寺，大量的历史传说、神话故事等。是研究该时期中亚、南亚诸国的历史、地理、宗教、文化和中西交通的珍贵资料，也是研究佛教史学、佛教遗迹的重要文献。

《大唐西域记》中声情并茂、夹叙夹议地描写了玄奘西行的历程。不过，在遥远的故事之外，它更像是一部地理学著作。

太宗看得津津有味，抄书人马不停蹄。佛教又开始了新一轮的复苏。

又过了很多年，一本叫做“三藏法师传”的著作问世，作者是玄奘的弟子慧立和彦悰。《三藏法师传》充满感情地介绍了玄奘的一生。

唐麟德元年（公元 664 年）2 月 5 日，玄奘圆寂。那时候已经是高宗朝了。玄奘一生给我们留下了诸多翻译经卷。今天，西安的慈恩寺和大雁塔也是他留给后世的纪念。

又过了 800 多年，一个叫吴承恩的文人根据历史记载和传说写了著名小说《西游记》。

---

① 《大唐西域记》主要由玄奘口述和提供资料，徒弟辩机整理和撰文。

第十五章

浪迹山水之间，成就地理梦想——徐霞客的故事

在中国，徐霞客的知名度很高。

徐霞客是一位探险家，也是一位地理学家。说到徐霞客，我们很容易想到一本书——《徐霞客游记》。

本章内容就围绕这本书展开。

徐霞客（名弘祖，字振之，1587—1641），明朝南直隶江阴（今江苏江阴）人，是著名的探险家和地理学家。

15 岁那年，徐霞客应过一回童子试，但没有考取。

一、家世背景

徐氏家族最早可追溯到北宋末年，通过一本叫做“梧塍徐氏宗谱”的家谱，可隐约捕捉这个家族的发展史。总体来看，徐氏家族虽然在仕途方面没有太多可言之处，但这个家族在产业上很有建树。

北宋末年金兵南侵之际，徐氏家族南迁。北宋灭亡之后，徐氏子孙誓不仕元。几十年后，这个徐氏家族已经是江南一富户，产业就是耕作农田，最多时达万亩以上。

很多年后，江阴徐氏已经跻身于“辟田若干顷，藏书数万卷”的江南望族。后代普遍知书达礼。

到了徐霞客父亲徐有勉（1545—1604）这一辈，虽然家道已经中落，但还算是江阴富户。徐有勉夫妇俩艰苦创业几十年，终于使家道中兴。夫妇俩的日积月累也为徐霞客后来的地理探险奠定了很好的物质基础。

二、外出游历

明万历三十二年（公元1604年），父亲病故。3年服孝期满，徐霞客萌生了外出游历的想法。他想探寻的是自然的奥秘，是名山大川的原始形貌。他还想把这些一一记录在案，写一本专门描绘脚下名山胜水的书。

一想到母亲年迈，徐霞客便不忍成行。徐母知道后，就鼓励儿子，不要囿于家里的小圈子，好男儿志在四方，应该到广阔天地里增长见识，学习知识，有所作为。

文献中记载，徐霞客与母亲有个约定，即在每年春暖花开的时候出游，在秋意渐浓时回来。20年间，徐霞客从没失过约，他走过很多地方，每次归来，都以奇花异草、奇珍异果敬献母亲，还给母亲讲外面的世界。

为了写《徐霞客游记》，徐霞客用了整整一生的时间。根据《徐霞客游记》，我们把他的游历生活粗略地分为三个阶段。

第一阶段是28岁以前的准备阶段。那时候，他重点研读古文献，了解祖先留下的地理文化遗产，游览了太湖、泰山及附近地区。

第二阶段是28岁（1614年）到48岁（1634年）。这一阶段历时20年。20年间，他游览了浙江、福建等地，以及黄山、嵩山、五台山、华山、恒山诸名山。

第三阶段是51岁（1637年）到54岁（1640年），这一阶段历时4年。这期间他游览了浙江、江苏、湖南、广东、云南、贵州等大山名川。日积月累，他的旅游笔记越来越厚。

探险家徐霞客

徐霞客的考察探险活动一直持续到1640年，那一年他54岁。当时，他正在云南探险，不幸身患重病，被人送回江阴老家，第二年就去世了。

30多年间，徐霞客的足迹遍及大半个中国。东到浙江的普陀山，西到云南的腾冲，南到广西南宁一带，北至河北蓟县的盘山。他主要是徒步跋涉，还经常自己背着行李，连骑马、乘船都很少。他寻访的地方多是穷乡僻壤或是人迹罕至的地区。

徐霞客考察了浙江雁荡山、安徽黄山、福建武夷山、河南嵩山等险峻山峰。那时候，大山深处，草深树茂、藤蔓凌空、人迹罕至。徐霞客常常是脚蹬悬崖、手抓树枝、吃力攀缘。

徐霞客常常是露宿街头或住在寺庙，他要去探险的地方多半都人烟稀少。

他写下的游记远在百万字以上，留下来的只有40多万字，这就是《徐霞客游记》，而且是经过后人整理而成的。

三、重要发现

通过亲身考察，徐霞客以实地考察材料证明了金沙江是长江的真正源头，否定了《尚书·禹贡》中关于“岷山导江”的说法。他纠正了《大明一统志》中一些关于水道记载的混乱和错误。通过认真观察河水流经地带的地形情况，看到了水流对所经地带的侵蚀作用，认识到河岸凹处的侵蚀作用比其他地带严重。

他注意到植物与环境的关系，通过观察发现在不同地形、气温和风速条件下植物生态和种属的不同情况，认识到地面高度和地球纬度对气候、生态的影响。关于温泉、地下水等，徐霞客也有一定的科学认识。

他对喀斯特地貌的考察在世界上也是最早的。我国湖南、广西、贵州和云南一带是世界上喀斯特地貌分布面积最广阔、发育最完整的区域之一。徐霞客在这一带游历考察了3年时间，并做了详细的日记。日记中，他对西南地区喀斯特地貌的分布、各地区间喀斯特地貌的差异、各种喀斯特地貌的类型及其成因，都有详细、科学的记述。

从其游记中可以看出，徐霞客已经明确认识到形成喀斯特地貌的重要原因。桂林、阳朔一带体现的是喀斯特地貌发育晚期的情况，柳州西北一带体现的是处于喀斯特地貌发育最盛时期的特征。徐霞客的分类与现代地质学的分类基本一致。

喀斯特地貌的一大特点就是岩洞众多。徐霞客亲身探查过的岩洞达100多个。足迹所到之处，他总要想方设法探究其中的奥秘。对岩洞、石钟乳的结构和成因，他都有真切的描述和深刻的见解。他指出，流水侵蚀铸造了岩洞，石灰岩中滴下的水挥发后，凝聚成钟乳石，这些见解大体符合现代科学的原理。他是中国乃至世界广泛考察喀斯特地貌的卓越先驱。

除上述喀斯特地貌研究外，徐霞客在地理方面取得的成就大致还包括：①纠正了文献中关于水道源流的一些错误；②对植物生态品种的观察；③调查了云南腾冲的火山遗迹。

四、伟大著作

《徐霞客游记》所描绘的大自然质朴而绮丽，是地理学上珍贵的文献，是引人入胜的游记文学，也是17世纪一个伟大探险者留给人类的珍贵记忆。

据统计，自明崇祯十五年（1642年）刊出初版到2015年，包括各种校注本，《徐霞客游记》已出版超过40次，影响遍及世界各地。

第十六章 地理大发现

欧洲学会了活版印刷技术后，书籍可以大量印刷，使思想的广泛传播成为可能。这意味着少数人垄断知识和文化的历史到此结束。

由于知识水平的提高，欧洲人对未知世界探索的渴望越来越强烈，这在思想上为大航海时代的到来提供了坚实的基础。

地理大发现是暗淡的中世纪结束后发生在欧洲社会的三件最重要的事情之一，另外两件事情是文艺复兴和宗教改革。

一、地理大发现的背景

1. 梦寐以求

在西方史学中，“地理大发现”是 15 ～ 17 世纪欧洲航海者开辟新航路和“发现”新大陆的通称。

14 世纪以前，跨地域间的交流和学习相对较少，人们只是局限在自己的土地上繁衍生息。

从 14 世纪起，地中海沿岸的一些城市出现了资本主义生产的最初萌芽。欧洲南部一些国家的手工业生产和商业贸易有了很大发展。一些商人渴望远行，扩充自己的商业地盘，打通更多的贸易通道，以获取更多的财富。

文艺复兴初期，欧洲人对世界的了解还很有限。他们所知道的世界并不比千年以前的古罗马人甚至古希腊人多多少。他们根本不知道有美洲、大洋洲和南极洲。虽然他们已经知道了印度与中国，但是真正到过的人却很少。

那时候，东西方交流的唯一通道是丝绸之路。7000 多千米的丝绸之路太长，而且路途险恶。时空的巨大差距造就了遥远和陌生，这严重阻碍了地域之间的了解和交流。漫长的距离意味着需要漫长的时间，重要的资讯即使传递过去，也已经面目全非。

13 世纪末，意大利探险家马可·波罗从中国回到了威尼斯。他的游记在欧洲出版后，很快就掀起了欧洲人探索东方的热潮。在马可·波罗的笔下，中国是一个文化繁荣、黄金遍地、茶叶满山、丝绸柔软、科学先进和经济强盛的国家。这也引发了欧洲人一探东方文明的愿望。但要越过广袤荒漠和渺茫水域绝非易事。

1409 年，湮没了 1000 多年的《地理学指南》被译成了拉丁文，人们又重温了托勒密的地球概念。那时候的学者普遍相信地球是圆的，但直接验证地球的形状和大小还很困难。

欧洲人通过《地理学指南》较好地了解了亚洲和北非。

地理大发现之初，在遥远东方大陆的中国，明朝的郑和也在为航海积极做准备。郑和（1371—1433）是比哥伦布更早的探险家和航海家，他一生多次奉明成祖朱棣（1360—1424）之命率领船队远航，历史上称之为“郑和下西洋”。

1405 ～ 1433 年的 28 年时间里，郑和先后 7 次下西洋。在第一、第三、第四、第七次的远航中，随船人员均超过 27 000 人，规模庞大。如此庞大的船队创下了当时的世界之最。据《明史》记载，郑和第一次下西洋的船就有 208 艘，郑和本人乘坐的宝船长 44 丈①、宽 18 丈，有 9 条桅杆和 12 张帆，由 200 名船员操作。

船队采用了多种导航方法，最主要的导航方法是一种叫做“过洋牵星”的星座观测方法和使用罗盘定位的指南针方法。据说世界上最早的一批航海图就是郑和船队的船员们亲手绘制的。其中，《郑和航海图》流传至今，收录在《武备志》（茅元仪编著）中。

郑和船队到过东南亚和南亚的大部分地区，如交趾支那（今越南南部）、马六甲、暹罗（今泰国）、爪哇、加尔各答、锡兰等。郑和的足迹还到过波斯湾、东非和古埃及这些更远的地方。在所到之处，他们也用中国的特产交换一些商品，如象牙、染料和宝石等，也从遥远的地方带回一些珍奇动物，如长颈鹿、鸵鸟、金钱豹和狮子。

“郑和下西洋”传播了中国文明，建立了亚非国家之间的友好关系，促进了商业发展，并为中国带来了许多海外见闻和轶事。

2. 寻找新航路

1453 年，奥斯曼帝国的士兵攻陷了拜占庭帝国的都城君士坦丁

---

① 1丈≈3.3米。

堡，从此，整个中东及近东地区全部纳入了土耳其势力的控制范围。君士坦丁堡现在叫做伊斯坦布尔，是亚洲通往欧洲的重要门户。由于特殊的地理位置和非凡的战略意义，其直接成为欧洲人东进的必经之地。包括东地中海和黑海周围的广大地区，都在土耳其人的控制之下。土耳其人对过往商人横征暴敛，多方刁难，加上频繁的战争和海盗活动，严重阻碍了西欧与东方世界陆上的贸易。

与此同时，从东方经由波斯湾到两河流域，再到地中海的贸易通道，以及经由红海到古埃及，再到地中海的贸易通道都被阿拉伯人控制。为了避免土耳其人、阿拉伯人、意大利人的层层盘剥，欧洲商人和统治者急于探求通向东方的新航路。只有那样，他们才能以较低的价格获得比较充裕的东方商品。

但现实是，他们不能再像过去那样通过波斯湾前往印度和中国，也无法通过位于博斯普鲁斯海峡的巨大港口来获得他们需求量巨大的香料和丝绸。

这种局面造成了欧洲人与中国人、印度人的贸易要通过阿拉伯人进行。当时的欧洲主要是意大利的威尼斯和热那亚地区的商人们掌控着与阿拉伯人的贸易，形成了一种垄断。

这种情形越来越引起西欧社会的不满，特别是英国、法国、西班牙和葡萄牙等国家的君主和商人们不能容忍这种现状再持续下去。他们急于打破意大利人和阿拉伯人的垄断，亲自前往印度、中国和东印度群岛甚至更遥远的地方，直接与当地人进行商品交易。

对于中国人和印度人来说，当时的欧洲商品毫无吸引力，欧洲商人不得不用大量的真金白银换取香料和丝绸等商品。长期的入不敷出，使他们的目光也锁定在了黄金和珠宝方面。那些出产珍贵资源和盛产黄金的地区就成了欧洲人的梦中天堂，寻找一条新贸易路线的任务摆在了他们面前，征服这些地方也成为他们的梦想。

探险热情和对财富的渴望成为开创航海时代的重要理由。15 世纪以来，世界各地的主要海洋开始出现欧洲的船队。他们的目的是寻找新的贸易路线和贸易伙伴。这种情况的出现既是新生资本主义发展的需要，也包含着人类探索未知世界的热情和好奇心。

伊比利亚半岛居民从阿拉伯邻居那里学到了很多东西。譬如，在船只建造中，他们引入了阿拉伯的三角帆技术，改进了船只的机动性。他们从阿拉伯人手里获取了古希腊地理文献，对非洲和亚洲有了一个大致的印象。

这时，卡瑞克帆船与卡拉维尔帆船相继在伊比利亚半岛出现，这使远洋探险成为可能。这些融合了传统阿拉伯船只与传统欧洲船只特点的帆船，可以安全地在大西洋的开放水域航行。

地图学与造船术的进步、指南针的使用、航海技术的提高、多桅快速帆船的出现为远洋航行提供了基本保障。

二、地理大发现的艰难步履

在将近200年的时间内，欧洲涌现出了许多著名的航海家，比较重要的有唐·恩里克·杜克·日·维塞乌（又称亨利王子，O Infante Dom Henrique Duque de Viseu，1394—1460）、克里斯托弗·哥伦布（Christopher Columbus，1451—1506）、达·伽马（Vasco da Gama，1469—1524）、佩德罗·阿尔瓦雷斯·卡布拉尔（Pedro Á Ivares Cabral，1467—约1520）、巴尔托洛梅乌·缪·迪亚士（Bartholmeu Dias，约1450—1500）、胡安·庞塞·德莱昂（Juan Ponce de León，1474—1521）、费迪南德·麦哲伦（Ferdinand Magellan，1480—1521）等。他们发现了许多以前不为人知的国家与地区，也从那里带回了许多珍贵物品，包括黄金、茶叶、丝绸和香料。

随着新航路的开通，东西方之间的文化交流和贸易往来迅速增加。这一时期的欧洲迅速崛起，并在其后的几百年间对世界政治制度建设、经济文化发展及科学技术进步产生了深远影响。

1. 亨利王子的倡导和组织

欧洲首先发起大规模航海探险活动的国家是葡萄牙。15世纪早期，葡萄牙在亨利王子的大力倡导下创办了地理研究机构。为了黄金、象牙和奴隶，葡萄牙组织了多次对非洲西岸的探险活动。他们的舰船从直布罗陀出发，沿非洲西海岸航行到达几内亚湾。

亨利王子是葡萄牙国王若奥一世的三子，早年曾在萨格里什（今圣维森特角）开办了世界上第一所航海学校。早在1415年，亨利王子的远征船队就开始了对非洲西北部的探险，并陆续发现了加那利群岛、马德拉群岛、亚速尔群岛和佛得角群岛。

14～15世纪，西非与地中海地区的贸易路线都必须跨越撒哈拉沙漠，而北非的路线则被葡萄牙的宿敌国家控制。因此，葡萄牙人希望绕开这些地区，通过海路直接与西非展开贸易。

1415年和1416年，亨利王子曾两次派人航至加那利群岛，探索那里的地理特征。1418年，亨利王子派贵族若昂·贡萨尔维斯·扎尔科和特里斯唐·瓦斯·特谢拉出航探险。在一场风暴过后，他们意外地发现了马德拉群岛的圣港岛。这一发现令亨利王子欣喜若狂；第二年，他派遣这两个人再次出航去马德拉群岛建立殖民地，这次他们发现了马德拉主岛。

稍后不久，亨利王子又两次派人征服加那利群岛，但遭到当地土著居民的顽强抵抗，再加上供给不足，征服活动不得不中止。1431～1432年，亨利王子派出的探险队向西航行，发现了尚无人类居住的亚速尔群岛。不久之后，部分葡萄牙人陆续移居该地。

1434年，亨利王子派遣吉尔·埃阿尼什越过了博哈多尔角。这里是当时欧洲人知道的最南端。

1448年，葡萄牙在阿奎姆岛建立据点。这是欧洲人在西非海岸建立的第一个殖民据点。在20年内，葡萄牙用武力取得了对撒哈拉地区的控制权，并开始在今天的塞内加尔地区进行黄金与奴隶贸易。

1473年，葡萄牙的船只驶过赤道，到达刚果河口。1487年，巴尔托洛梅乌·缪·迪亚士率领的探险队到达非洲的最南端。那几天，他们的船队遭遇了严重的暴风雨，迪亚士就将新发现的岬角叫做暴风角。后来，葡萄牙国王裘安二世将这一名称改为好望角。

1497 年，达·伽马的船队离开里斯本并向南行，11 月 4 日到达圣赫勒拉岛，之后绕过印度洋，沿着迪亚士的航线继续前行，经非洲东岸的莫桑比克、肯尼亚，于 1498 年 5 月 21 日到达印度西南部的卡利卡特。

他们收购了大量的香料、宝石、象牙和丝绸，运回国内高价脱手。据说获得的纯利润相当于航行费用的 60 倍。达·伽马船队的最大贡献是开辟了从大西洋绕过非洲南端到印度的航线，从而打破了阿拉伯人控制印度洋航路的局面。葡萄牙通过新航路，垄断了欧洲对东亚、南亚的贸易，逐渐成为海上强国。

2. 哥伦布的四次西行

就在葡萄牙人探寻印度洋新航路的同时，西班牙统治者也极力从事海外扩张。哥伦布发现美洲就是这种扩张的最重要收获。西班牙人的航海思路的与众不同，他们准备开辟一条向西航行到东方“黄金之国”的计划，计划的实施者是哥伦布。

哥伦布本来是意大利人，父亲是纺织工人。《马可·波罗游记》给他留下了深刻的印象。他从内心深处萌生了强烈的愿望，想去探究东方的繁荣和富足。

哥伦布很聪明，并且勤学好问。他研究了罗吉尔·培根（Roger Bacon，1214—1293）关于大地球形的学说，研究了托勒密的《地理学指南》。哥伦布的地理思想主要来自托勒密。哥伦布相信通过一条较短的航线可以到达亚洲大陆的东海岸。《地理学指南》中的地球周长比实际地球周长要小。哥伦布相信西行可以更快地到达亚洲。哥伦布还根据《圣经》中的有关记载进行了计算，计算结果让他振奋。

1485 年，哥伦布向西班牙王室呈上了自己的西行计划。在这之前的近 10 年间，哥伦布一直生活在葡萄牙。那些年的学习和生活使他获益良多。哥伦布也曾有过几次航海梦想。但在伊比利亚半岛西边，他知音难觅，一度还很落魄。

7年后，哥伦布的西行计划得到西班牙国王和王后的支持。他多年的梦想终于成真。

1492年8月3日，哥伦布携带着西班牙国王和王后致中国皇帝的国书，率领船队从帕洛斯港出发，经加那利群岛向西航行。一个月之后，他们到达巴哈马群岛、古巴和海地。哥伦布以为这里就是亚洲，确信巴哈马群岛就是印度的辖地，将其称为“印度群岛”，把当地土著居民称为印第安人。后来，人们就把哥伦布发现的“印度群岛”叫做“西印度群岛”。这里看起来并不富饶，远不是黄金遍地。哥伦布的船队于1493年3月15日返回西班牙帕洛斯港。

6个月之后的9月25日，哥伦布第二次西航，于1496年6月返回西班牙，这次航行只是发现了多米尼加等岛屿，除此之外并无别的收获。

尽管西班牙国王对航行结果不太满意，还是同意了1498年的第三次航行计划。这年5月从桑卢卡尔出发，发现了特立尼达等岛屿，8月2日在帕里亚湾南岸首次登上美洲大陆。1500年10月返回西班牙。这一次，船队到达南美洲。那里除了浓郁的印加文化和散落在安第斯山上的美洲驼外，经济方面同样乏善可陈。恰好就在那时，达·伽马的船队绕非洲南端到了印度，这个消息令欧洲人群情振奋。一夜之间，哥伦布变成了骗子。西班牙国王命令手下将返航归来的哥伦布逮捕入狱，后来，还是将哥伦布释放出狱。1502年，哥伦布又开始了一生中的第四次也是最后一次西行。航行期间，他考察了中美洲洪都拉斯到达连湾的2000多千米海岸线，认识了巴拿马地峡。

在第四次航行，除了巴哈马群岛、古巴和海地，哥伦布还先后发现了多米尼加、波多黎各、牙买加、特立尼达等岛屿，发现了由洪都拉斯到巴拿马的海岸以及南美洲的一些地方，却始终没有找到梦想中的黄金和珠宝。

他首次登上了美洲大陆，但却至死也没有意识到自己完成了人类历史上最伟大的航行。他不知道，他发现的这些地方并不是中国和印度，而是一块新大陆。第四次航行归来后的1506年5月20日，哥伦布在贫病交加中去世。

从某个角度看，哥伦布的远洋航行好像失败了，但他的冒险和所

探险家哥伦布

发现的陌生世界空前激发了欧洲人的探险热情和想象力。

后来，意大利探险家亚美利哥·韦斯普奇（Amerigo Vespucci，1454—1512）到达美洲。他敏锐地意识到，这个地方并不是传说中的中国和印度，而是一块陌生的新大陆。这块新大陆和亚洲之间还隔着一个大洋。

韦斯普奇善于发现、分析和思考，在航行途中坚持写游记。他的游记影响了很多人，包括一些著名的地理学家。他们误以为是韦斯普奇发现了新大陆，于是就将这块新大陆以他的名字命名。

当西班牙人清醒过来时，才知道哥伦布航行的伟大意义，他们试图用哥伦布来命名新大陆，可是这一约定俗成的叫法已经深入人心，一直叫到了今天。

不过，美洲一些国家为了纪念哥伦布发现新大陆，将每年 10 月的第二个星期一定为哥伦布纪念日（Columbus Day）。这一天也是美国的联邦假日。除此之外，世界上还有很多地方的地名是对哥伦布的纪念。

当人们认识到大西洋西岸的陆地并非亚洲，而是一个新大陆后，人们的地理视野大大扩宽了。

不久之后，更多的西班牙探索者来到这片大陆，他们发现了玉米、木薯、棉花、花生、辣椒、菠萝、番茄、马铃薯、可可、甘薯与烟草等这些新作物，并意识到了它们的商业价值。因此，他们将这些作物品种带回西班牙，又通过西班牙将这些东西传到了欧洲。

3. 麦哲伦的环航梦想

1513 年，西班牙探险家巴斯克·努涅斯·德·巴尔波亚（Vasco Núisez de Balboa，1475—1519）在“西印度群岛”当地原住民的带领下越过巴拿马地峡，从一座高山顶上望向茫茫大海，他把这片海域称为“大南海”。这个所谓的大南海就是今天的太平洋。这个隔绝了印度与美洲的大海远比人们想象的要大。

亚洲是当时欧洲人的梦想之地。为了到达亚洲，他们一直努力寻找沟通大西洋和“大南海”的海峡，或者像好望角那样的地角。麦哲伦就是他们当中的杰出代表。

麦哲伦本来是葡萄牙人，但他的航海和探险梦想在葡萄牙无法实现，于是就来到西班牙。当时，西班牙王室的希望是，向西航行到达真正的东方，找到盛产香料的摩鹿古群岛，打破葡萄牙人对香料贸易的垄断。哥伦布没能完成国王的事业，令西班牙的航海梦想一度中断。麦哲伦的优势在于，他曾经随葡萄牙远征队到过非洲、印度、苏门答腊、爪哇、班达群岛和马六甲海峡。

麦哲伦的计划在西班牙落地生根。1519 年，在西班牙国王查理一世的支持下，他开始了伟大的航海探险活动。

麦哲伦的船队由 5 艘卡瑞克帆船组成。旗舰为特立尼达号（Santisima Trinidad），其余四艘分别为圣安东尼奥号（San Antonio）、康塞普逊号（Concepción）、维多利亚号（Victoria）与圣地亚哥号（Santiago）。其中，最大的船为 120 吨的圣安东尼奥号，最小的为 75 吨的圣地亚哥号。每艘船都装备了足够的武器，并为交易和补给准备了丰富的物资，有蛋糕、酒品、醋、干鱼、熏肉、蚕豆、鹰嘴豆、小扁豆、面粉、大蒜、奶酪、蜂蜜、杏仁、凤尾鱼、沙丁鱼、葡萄干、李子、无花果、食糖、榅桲果、芥末、刺山柑与稻米。船队甚至还带上了 6 头母牛，以获取新鲜的牛奶和牛肉。麦哲伦的整个船队共花费了 8 751 125 西班牙金币，共有 265 名船员。

1519 年 9 月 20 日黎明，麦哲伦率领他的船队从西班牙的桑卢卡尔港出发，开始了人类历史上的首次环球航行。6 天后，他们来到了加那利群岛，然后向西南方向航行，于这年的 12 月 13 日到达南美洲东海岸，在港口城市里约热内卢休整了一段时间后沿海南下。

那时虽然是南美洲的夏天，但越往南走天气越寒冷，海岸山脉和坡地十分荒寒，而且人烟稀少。船队面临的最大问题就是食物短缺。

麦哲伦的船队不得不在一个叫圣朱利安的海湾休整几个月。1520 年 6 月，他们继续南下，在艰难困苦中航行了 4 个月，终于发现了一个海峡。这里也是南美洲的最南端。在南美大陆和火地岛之间，他们穿过了这个海峡，看到了广阔的南海。后来，人们把这一海峡命名为“麦哲伦海峡”。

之后，麦哲伦的船队向西北方向航行了 3 个多月，途中未遇到过暴风雨和海浪的袭击。从此就把这片水域广阔的“大南海”叫做太平洋（Pacific Ocean）。

1521 年 3 月 6 日，麦哲伦的船队抵达关岛。3 月 16 日，船队抵达菲律宾群岛中的胡穆奴岛，3 月底抵达马萨瓦岛，4 月初抵达菲律宾群岛的宿务岛。在这里，麦哲伦在与当地原住民的冲突中被杀身亡。殉难之地是宿务岛附近的马克坦岛，时间是 1521 年 4 月 27 日。

航行路上，船员们经历了暴风雨、海浪、寒冷、饥饿、疾病及叛乱等各种考验，剩下的人谁也不愿意再走回头路。于是，在找到了马鲁古群岛（即所谓的香料群岛）后，他们就沿着达·伽马开辟的航线返回了西班牙。

1522 年 9 月 8 日，麦哲伦的船队回到了他们的出发地——桑卢卡尔港。在这 3 年时间里，他们整整绕地球一周。当初出发的时候是 5 艘船和 265 名船员，现在只剩下了 18 个人和维多利亚号海船。

麦哲伦虽然没能回到欧洲，但他开创了人类历史上最伟大的航行，麦哲伦航行的伟大意义在于，人类第一次用自己的航海实践证明了大地球形说的正确。

三、地理大发现对世界的影响

15～17 世纪，一系列航海事件使欧洲人对世界有了全新的认识。欧洲通往印度新航路的发现、美洲的发现、环球航行的成功及其他航海探险活动，使欧洲人对地球的认识不再局限于过去的狭小视野。“地球是圆的”这种认识不仅是感觉和精神上的，也是在认识上对脚下土地的全新理解。

航海事业促进了技术的发展；反之，技术革新又为远航提供了可能。罗盘、六分仪、海图、三角帆、艉舵、三桅帆船等工具或技术的发展，使欧洲人拥有了在各种复杂气候条件下进行远航的能力。

地理大发现带来了科学、文化和经济的进步与繁荣，促进了天文学和数学的发展。科学的中心早先主要在中世纪商业繁荣的德国和意大利北部，那里也是最早受惠于文艺复兴的地区。到了 17 世纪，由于人类完成了地理大发现，之前比较冷清的大西洋沿岸地区，如法国、荷兰和英国南部，也日益繁荣起来。

在农业方面，美洲的马铃薯、烟草、玉米、花生等作物随着地理大发现的脚步传入各地，更多的农作物和经济作物被种植在广袤的土地上。

随着新大陆的发现，欧洲到印度、印度尼西亚、中国和美洲的最好通商航路都被西班牙人和葡萄牙人占据。这引起了一些欧洲其他国家的不满。荷兰、英国等国家为了发展海上贸易，开始在高纬度地区寻找通往印度和中国的新航路，并引领了到世界其他地区探险的热潮。

16 世纪，荷兰的威廉 • 巴伦支（Willem Barents，1550—1597）为探寻一条由北方通向中国和印度的航线，曾三次航行在北冰洋地区，先后发现了熊岛和斯匹次卑尔根岛，并到达了新地岛最北端、喀拉海和瓦加奇岛。17 世纪初，英国的亨利 • 哈德逊（Henry Hudson，约 1565—不详）曾屡次探索经北冰洋通向中国的航路。1616 年，W. C. 斯霍特到达美洲南端的合恩角。1642 ～ 1643 年，荷兰的阿贝尔 • 塔斯曼（Abel Tasman，1603—1659）完成了环航澳大利亚，发现了新西兰和塔斯马尼亚岛。这些航海探险进一步扩充了人类的地理知识，并进行了一些有关洋流、风系等方面的科学考察，以及岛屿和陆地的实测工作。

17 世纪末，地理大发现宣告结束。而在 200 年前，人类所知的陆地面积只占所有陆地面积的 2/5，航海区域就更少了，只占全部海域面积的 1/10。到这时，人类所知的陆地和海域约占整个陆地和海域面积的 90%。

到了 18 世纪，詹姆斯 • 库克（James Cook，1728—1779）的海

洋探险已属于科学考察的范畴。

总体来说，地理大发现是 11 世纪以来欧洲内部经济发展、文化渗透和科学技术进步的结果。地理大发现对全世界，尤其对欧洲，产生了巨大影响。到 19 世纪，法国、英国、荷兰 3 国开始崛起，主导了大西洋的科学和经济活动，这种影响一直持续到了今天。

地理大发现发生在资本的原始积累时期。它改变了世界各大陆和各大洋的分割孤立状态，加强了世界范围的联系，为世界市场的形成准备了条件。

随着东西方之间海路的开通，跨洋的商业活动变得越来越频繁，海外贸易累积的财富激发了欧洲人在美洲和亚洲的殖民事业，促进了资本主义与工业革命的发展。在社会结构方面，欧洲社会的商人们先后取代了封建领主，成为社会的中坚力量，并推动了社会政治的发展。

第十七章 从“水火之争”开始

18 世纪末到 19 世纪初被誉为地质学的“英雄时代”。那时期，学术界提出了两种不同的地质演化理论或思想：一种是“水成论”，一种是“火成论”。

“水成论”认为，原始的地球被大洋包裹，后来缓慢演化至今，地球上所有岩层都是在海水中通过结晶、化学沉淀和机械沉积形成的。“火成论”认为，地球表面的岩层都是由火山喷发而来的。

一段时间，两种学说的争论相当激烈，这就是地质学上的“水火之争”。

一、早期的记述

远古时期，人类就开始认识岩石和矿物性质。除了好奇和兴趣之外，更多的恐怕是出于实用的目的。2000多年前，中国的铜矿开采规模已相当可观，不论是文献记载还是出土物都证明了这一点。在世界的某些地方，铜矿开采的时间还要早。不仅是铜矿，更多的矿床在铜矿之前就被人类认识和利用。

春秋战国时期成书的《山海经》《尚书·禹贡》《管子》中的某些篇章涉及了许多岩石和矿物，古希腊泰奥弗拉斯托斯（公元前372—前286）的《论石》就是人类对岩石和矿物知识的最早总结。

人们对地质作用的感性认识与矿物开采有关，也与经历有关。在与地震、火山、洪水等自然灾害的斗争中，人们同样能感受到地质作用的巨大。在此基础上一些带有思辨性和猜测性的解释就产生了。

在这个过程中，人类越来越认识到了一种特殊的石头。这种石头上面重叠着古代动物或植物的遗迹，有些还非常清晰，好像是某种生命凝固在了一个闪着光泽的背景中。这就是化石。古希腊的地理学家色诺芬尼（Xenophánes，约公元前570—前480或公元前565—前473）就已经认识到，化石是古代生物的遗迹。

《诗经》中就有“高岸为谷，深谷为陵”的记载。古希腊哲学家亚里士多德指出，海陆变迁是按一定的规律在一定时期发生的。宋代的沈括对海陆变迁、古气候变化及化石性质都做出了较正确的解释，宋代的另一位学者朱熹也曾试图揭示化石的成因。

二、文艺复兴至17世纪的思想

文艺复兴开始后，一股走出禁锢、解放思想、崇尚自然的热潮扑面而来。对封闭太久的社会和人民来说，这是一个真正的转机。人们越来越清楚，地球上的一切不再是神的创造，而是自然世界的重要组成。科学家们开始对地球历史有了理性解释。

文艺复兴时期的著名画家、意大利的达·芬奇（Leonardo da Vinci，1452—1519）也研究过化石。他认为，那些高山地层中的化石可能是今天海洋生物的祖先，由于地质运动才变成了这个样子。达·芬奇的意思很明确，就是只要有足够的时间，昔日的海洋就有可能变成今日的高山。据说物理学家罗伯特·胡克（Robert Hooke，1635—1703）甚至提出用化石来推测地球的历史。

德国的格奥尔格乌斯·阿格里科拉（Georgius Agricola，1494—1555）对矿物、矿脉生成过程及水在成矿过程中的作用进行了研究，开创了矿物学、矿床学研究的先河。

在中国，李时珍（1518—1593）出版了《本草纲目》。书中记载了 200 多种矿物、岩石和化石。这些内容集中体现了 16 世纪之前的中国在岩石学和矿物学方面的研究成果。

丹麦地质学家尼古拉斯·斯坦诺（Nicolas Steno，1638—1686）在地层研究方面做出了重要贡献。1669 年，斯坦诺在一篇论文中论述了地层和山脉的形成过程，提出了地层学的重要基础原理。

斯坦诺本来是一位医生，但他爱好化石研究。他把比较解剖研究的原理应用到化石研究领域，发现了化石与现代生物之间的相似之处，得出了化石是古生物遗迹的结论。

斯坦诺认为，化石是鉴别地层的主要根据，含化石的地层是地层演化的直接记录，通过化石可以识别地层的年代。斯坦诺是近代以来第一位真正的地质学家，他的地质演化思想对后人很有启发意义。

地壳本身开始成为科学家直接研究的对象。一时间，不同观点、不同学派的争论十分活跃。在这些流派和观点中，关于地层及岩石成因的“水成论”和“火成论”的争论最激烈，这就是地质学发展史上著名的“水火之争”。

英国医生伍德沃德（J.Woodward，1665—1728）提出了地质构造的“水成论”。伍德沃德在1695年出版的著作《地球自然历史初探》中提出，全球性洪水造成大部分生物死亡，化石就是它们的遗体。

伍德沃德认为，海生生物化石被那次大洪水冲到了高山上，所以我们才看到了这种现象。伍德沃德系统阐述了洪水泛滥对地层变化的影响。他的“沉积说”一度得到了很多人的拥护。

比伍德沃德早一些的英国博物学家约翰·雷（John Ray，1627—1705）却是一个“火成论”者。他在古生物学研究和野外考察中发现，生物化石在地层中存在新老叠加现象。他认为，这种新老叠加显然不是一次洪水就能完成的。

雷根据自己收集到的资料提出了“火成论”假说。他认为，地层的形成是地球内部火山运动的结果。火山的不断爆发导致地面上形成了层层熔岩，生物遗体被包裹在其中，就形成了后来的化石。

三、18世纪以来的观点和争论

18世纪后，在英国工业革命、法国大革命、启蒙思想的推动和影响下，科学考察和探险旅行在欧洲兴起。科学家们对地球的研究也从以前的思辨性猜测转到了以野外观察为主。这是地质学研究迈出的重要一步。

德国地质学家亚伯拉罕·戈特洛布·维尔纳（Abraham Gottlob Werner，1749—1817）是“水成论”的典型代表。他提出，花岗岩和玄武岩均由沉积而成，并对岩层做了系统划分。

维尔纳认为，火山爆发的根源是地底下的煤燃烧得太猛，但火山爆发对地质岩层的形成不起主要作用。据说维尔纳口才极佳，拥护者众多，他的学生就是“水成论”的天然传播者。

英国地质学家杰姆斯·赫顿（James Hutton，1726—1797）是“水成论”的否定者。赫顿在野外地质考察活动中发现，那些结晶型的岩石并不像是从水中结晶的，而更像是熔岩冷却的结果。这是赫顿怀疑“水成论”的重要根据。他在1785年发表的论文中提出了“火成论”思想。10年之后，他在出版的《赫顿地球理论说明》一书中对此做了系统的论述。

赫顿认为，地球内部是火热的熔岩。在巨大压力下，这些熔岩喷发而形成火山，喷发至地表的熔岩遇冷固化，就形成了结晶岩。结晶岩的表面是沉积岩。看起来，地球的内热才是造成这一切的根本原因。同时，赫顿强调这一过程相当漫长。

用地质运动的自然过程来揭示地球的历史是一个不错的选择，但是地质运动的“均变论”思想也存在明显不足。那种“看不到开始的痕迹，也不见结束的前景”的运动真的是很慢的过程。

“水火之争”促使地质学从其他学科中分离出来，并逐渐形成了一门独立的学科。到1840年，地层划分的原则和方法已经确立，地质年代和地层系统也基本建立起来。有关地球历史的古生物学和地层学、有关地壳物质组成的岩石学和矿物学、有关地壳运动的地质构造理论所组成的地质学体系也近于形成。

早期的“水成论”和“火成论”之争又演化成了“灾变说”和“均变说”之争。19世纪上半叶，有关“灾变论”和“均变论”的争论对地质学思想方法产生了历史性的影响。居维叶是“灾变论”的主要代表，他提出了地球历史上发生过多次灾变造成生物灭绝的观点。

“水成论”与“火成论”

英国地质学家查尔斯·赖尔（Charles Lyell，1797—1875）是“均变论”的主要代表。他坚持“自然法则始终一致”的观点，并提出以今论古的现实主义方法。在争论中，“地质均变论”逐渐成为百余年来地质学及其研究方法的正统观点。

1816～1819年，英国科学家威廉·史密斯（William Smith，1769—1839）在研究和总结前人工作的基础上，出版了两本著作《有机物化石鉴定地层》和《化石地层层位》。他认为，相同的地层总是发现相同的叠覆次序，而且包含相同的特有化石。史密斯提出了根据不同岩层所含化石的出现顺序确定地层相对顺序的原理。这就是化石顺序律。

但是，史密斯确立的化石顺序律还只是经验性的，1859年达尔文发表巨著《物种起源》确立“生物进化论”以后，才赋予化石顺序律以科学性。生物进化不可逆性和阶段性的规律与化石顺序律的结合，奠定了生物地层学的理论基础。

19世纪末，人们发现同时期形成的地层在不同地点具有不同的岩性，这一发现直接导致“岩相横向变化”概念的产生。1894年，德国学者瓦尔特（J. Johannes Walther，1860—1937）在《做为历史科学的地质学导言》一书中把岩相横向变化与海侵作用联系起来，说明了沉积环境随时间的推移在空间上的变化，解释了时间界面同岩相界面的关系，提出了著名的岩相相关律（Law of Crosscutting Relationships）。我们一般也把岩相相关律叫做瓦尔特定律。

进入20世纪以后，从寒武纪到第四纪的地层层序已经初步建立。随着古生物学和地层研究新成果的大量涌现，地质学家们应用地层层序律、化石顺序律、岩相相关律等原理和方法不断完善着各地区乃至全球的地层系统。

第十八章 洪堡的地理传奇

博物学家、自然地理学家、近代地理学的奠基者、旅行家亚历山大·冯·洪堡（Alexander von Humboldt，1769—1859）生命的起点和终点都在柏林。他的家族是普鲁士贵族，父亲是军人（宫廷侍卫官），世袭男爵，母亲是法裔。

在本章中，我们通过阅读洪堡的人生故事仔细品味这个探险家的地理传奇。

一、求学生涯

洪堡兄弟俩，一个后来成为著名的地理学家，一个后来成为著名的教育家。本章要介绍的是地理学家亚历山大·冯·洪堡。

洪堡 10 岁时，父亲就去世了。母亲为他们请了最好的家庭教师，其中就有几位启蒙运动的著名学者。这为他们奠定了良好的文化基础、古典文学基础和数学基础。

18 岁时，母亲把他送到法兰克福大学学习经济，希望他将来做一名政府文职人员。可是，洪堡的兴趣并不在此，博物学才是他的最爱。读大学前，他的家庭数学教师就把他介绍给了聚集在柏林的一个知识分子沙龙。那里经常有一些著名学者进行科学演讲，有时候还做一些示范实验。这正好迎合了洪堡的兴趣。

在法兰克福大学，洪堡经常在经济学课本下藏一些博物学方面的书籍。于是，母亲把洪堡转到柏林大学学习工厂管理。在柏林大学，洪堡开始学习希腊文和植物学知识。

母亲又再次给洪堡转学到哥廷根大学。在那个年代，哥廷根大学同样著名，洪堡在这里“如鱼得水”，先后学习了物理学、语言学、数学和考古学，还拜著名动物学家、解剖学家卜卢门巴赫为师，学习动物学。

在哥廷根大学，洪堡还结识了随库克船长远航归来的著名地理学家乔治·福斯特（Johann Georg Adom Forster，1754—1795）。福斯特使洪堡对地理学产生了兴趣。

1790 年，洪堡离开哥廷根大学，转学到萨克森弗雷堡大学。弗雷堡大学是当时欧洲最有名的大学之一，洪堡在这里师从著名矿物学家、“水成论”学派的代表维尔纳，学习地质学。

二、短暂工作

大学毕业后，洪堡被任命为普鲁士弗朗科尼亚矿区的检查员和主任。1793 年，洪堡转任矿产部高级矿务师，成了母亲所期望的行政官员。在这里，洪堡找到了施展才华的舞台。

在大学时代，洪堡打下了坚实的自然科学基础，包括物理学、动物学、植物学、矿物学、地质学等，在工作中表现出非凡的才能，能以犀利的眼光观察周围的各种自然现象，并提出各种问题。

他曾考察了不同岩石的磁偏角效应，研究了矿区周围所见的植物，并写出了自己的第一篇科学论文。但这样的生活只有一年时间。

三、科学考察和探险

弗朗科尼亚太小，矿区周围的山峰挡不住洪堡周游世界的心愿。他盼望着有一天能够到更广阔的天地里。

1796 年，母亲逝世。洪堡从母亲那里继承了一笔遗产，包括一座叫林根的美丽山庄，他从此不用再为生活奔波。一年后，洪堡果断辞去了工作，投入到外出旅游、科学考察的各项准备工作中。

1799 年春天，洪堡带着自己的探险计划，翻越比利牛斯山脉来到西班牙，请求西班牙国王允许他到美洲考察。那时候，南美大部、中美全部及北美的部分地区受西班牙统辖，西班牙统治者严禁统辖之地与他国通商往来。洪堡熟悉地质学，又懂得采矿技术，西班牙国王认为洪堡的加入有助于探明新矿源，对今后的发展很有用处。于是西班牙国王为洪堡和法国植物学家埃梅•邦普兰（Aimé Bonpland）颁发了西班牙皇家特许护照。

这年夏天，洪堡和埃梅•邦普兰踏上“毕查罗”号巡航舰，从西班牙北部的卡塔纳港扬帆起航，开始了他一生中具有重要意义的美洲之行。

这次航行奠定了洪堡后来在地学界的重要地位，开创了近代地学，特别是自然地理学的新纪元。

洪堡制订了周密的航行计划。随船物品中，有象限仪、六分仪、磁力计、比重计、气压计、温度计、空气纯度计、计时仪、莱顿瓶等。这些仪器都是当时最好的。而所有这些花费，包括船资运费和日常开支，都由洪堡自己承担。洪堡还与船商谈妥了几年后将标本运回欧洲的途径，并预付了费用。

在洪堡眼中，母亲的遗产不是享受人生的资本，而是创造一项伟大事业的支撑。

在写给友人的信中，洪堡谈及了此行的目的：“我要采集植物，搜寻化石，观察天象。但这并不是此番旅行的主要目的。我想探索和考察自然界各种力量的相互作用，地理环境怎样影响动植物的生活。换言之，我要找到自然世界的一致性。”

在那个年代，科学考察和探险的危险系数其实不低。

1799 年 7 月 16 日，“毕查罗”号巡航舰抵达位于南美洲北部委内瑞拉东部的重要城市、加勒比海岸重要港口库马纳。库马纳始建于 1520 年，是南美洲最古老的居民点之一。是年年底，“毕查罗”号巡航舰停靠在加拉加斯。

半年后，洪堡带着几个人分别乘坐小船和独木舟，沿奥里诺科河向西航行 2000 多千米，深入南美内陆考察。奥里诺科河是南美洲的重要河流。在航行途中，洪堡对大部分无人居住的森林地区进行了测量，完成了制图，证实奥里诺科河通过一条支流与南美第一大河亚马孙河相通。

洪堡勤于观察，认真记录各种自然现象，并用仪器测定了所到之地的经纬度、地形高度、地磁等。几个月后，洪堡一行返回库马纳休整。同年 11 月，他们穿越加勒比海，航行至今天的古巴都城哈瓦那。

从 1801 年 3 月开始，洪堡一行开始了对哥伦比亚、厄瓜多尔和秘鲁安第斯山脉的探险，他们长途跋涉，从卡塔赫纳到秘鲁都城利马。卡塔赫纳始建于 1533 年，位于加勒比海南端，是哥伦比亚著名的古城，也是哥伦比亚北方重要的港口城市。那里距亚马孙河源头不远。

厄瓜多尔境内的许多火山都留下了洪堡的足迹。他考察了这些火山的起因和其他地质情况。洪堡常常深入到活火山腹地，收集从地球内部释放出来的气体。这其实是一项非常危险的任务。厄瓜多尔首都基多地震频繁，洪堡曾三次登上基多附近的皮钦查火山，看到了火山口 600 米深处的火焰，并记录了多次地震。

在安第斯山区的一些山脉，洪堡仔细观察了当地的岩石。在实地考察的基础上，他渐渐明白了他的老师、“水成论”学派的代表人物维尔纳关于岩石皆由水成的说法并不正确。洪堡根据当地岩石的纹理、结构和出露形态推断，花岗岩、片麻岩和其他结晶岩都是火成岩。

在安第斯山的峻岭之间和峡谷深处，洪堡测定了海拔高度、气温和地球磁场，发现了磁场与纬度之间的关系，观察到了安第斯山区的气温、气压、植物和农作物种类随高度不同而明显变化的现象，记载了高山疾病与空气中氧气含量之间的关系。

1801 年秋，洪堡一行走出安第斯山区，沿美洲西岸的太平洋北上。1802 年 3 月，他们到达墨西哥阿卡普尔科港。在航行途中，洪堡观测到了一股沿南美西岸向北流动的洋流，同时观测到了一股从海底向上翻腾的强大冷水流，并测定了流速和水温。洪堡把它叫做“秘鲁寒流”。后来有的地图上将这个寒流标作“洪堡寒流”。

1802 年初夏，洪堡来到美国。恰在那时，关于洪堡命丧美洲的噩耗在欧洲传开。洪堡去世的消息流传了一年有余。1803 年 6 月 12 日出版的《汉堡通讯》又说："著名旅行家洪堡先生不幸罹患黄热病，卒于美洲的阿卡普尔科。"那时候没有无线电通信，更没有电视、手机和互联网，一则消息或新闻在大陆之间的传播需要好几个月的时间，有时候可能还需更长。

四、满载而归

洪堡命丧美洲的传闻让欧洲各界议论纷纷。

1804年8月1日，经过23天的航行，洪堡搭载的法兰西快船"幸运"号横贯大西洋，抵达法国西南的波尔多港。这意味着洪堡中、南美洲科学考察的结束，这是一次漫长的旅程，耗时 5 年，行程 65 000 千米。

美洲之行收获很大。最大的收获是洪堡带回了 40 余箱美洲物品，包括动植物化石、岩石标本、矿物样本、动物标本和植物标本，数量众多、种类繁多。相关资料涉及地质学、地理学、天文学、气象学、海洋学，以及人种志、民族学、土著文化等。这些资料弥足珍贵，成为洪堡后来专心著述和形成地学新思想的重要信息源泉。

整个巴黎为之轰动，学术界高度赞扬洪堡的探险意识、牺牲精神，以及对知识的不懈追求，百姓也视洪堡为旷世英雄。法兰西学院为洪堡接风，巴黎皇家植物园辟出空间供他陈列展品。上流社会争相邀他赴宴，以显示自己的高雅和对学术的敬仰。

洪堡为欧洲社会带来的是一大片陌生土地的全新物种、化石、各种各样的标本，以及很多观测记录和认识。

很多年以后的 1829 年，洪堡接受俄国沙皇尼古拉一世的邀请，对其统治下的疆土进行考察。那时候，年过花甲的洪堡仍壮心不已，骑马跨越险峻的乌拉尔山脉或乘马车考察广袤的西伯利亚旷野。

洪堡考察了从叶尼塞河直到中国边界的阿尔泰山脉，并在归途中考察了里海。这次考察为期半年，行程 15 000 多千米。洪堡特别注意所到地区的温度变化。他发现，在同一纬度上，气温高低因其距离海洋远近而不同。洪堡还对圣彼得堡至阿尔泰山脉一带的磁偏角和磁倾角进行了测量。

回到圣彼得堡以后，他向沙皇尼古拉一世建议应该在圣彼得堡建立地球物理观测中心，还应该在俄国全境组织地磁测量和气象观测。到 1835 年，从圣彼得堡往东一直到北美洲阿拉斯加沿海岛屿，已经设置了相对科学的气象站网。1845 年，世界第一幅年平均等温线图问世，这主要是洪堡的功劳。

五、辛勤著述

其实，从美洲归来之后，洪堡就想把美洲之行的所见所闻、观察和思考付诸文字，特别是在地理学领域或与地理学相关的领域。

作为当时世界科学的中心，巴黎为学术研究提供了非常好的条件。这里有许多世界一流的科学家。通过与他们交流，洪堡受益匪浅。1827 年，在志同道合者的共同努力下，共 30 卷的巨著《新大陆热带地区旅行记》终于问世。这套书也凝聚着洪堡的探险伙伴、法国植物学家埃梅·邦普兰的心血。这本书的构思和写作花了近 20 年的时间。

《新大陆热带地区旅行记》出版后，洪堡回到德国。在德国，洪堡开始筹划和构思另一本书——《宇宙》(*Kosmos*)，这是他一生中最后一部，也是最具学术价值的著作。那时候的洪堡已经是欧洲学术界的明星、地理学领域的大腕，学术地位显赫，邀请他演讲的学术团体和单位络绎不绝。

俄国之行结束不久，洪堡定居在柏林的奥拉宁堡大街，准备在这里开始《宇宙》一书的写作。

洪堡上午查阅笔记，下午接待来客，晚上写作。一直忙碌到90岁，在离开人世的那一年，他才完成了《宇宙》一书的写作。《宇宙》共五卷，分别于1845年、1847年、1850年、1858年、1862年出版。

《宇宙》一书用统一的自然观描绘整个自然界。洪堡的宇宙并非天文学意义上的宇宙，而是包罗万象的意思，从中可见洪堡的宏伟心愿。《宇宙》关注的焦点是地球，即把地球作为一个整体。《宇宙》是一部巨著。第一卷是关于宇宙全貌的概述；第二卷开首是历代风景画家和诗人对自然风光的论说，接着叙述从古埃及人以来的人类致力于发现并描述地球的历史过程；第三卷论述了天体空间的法则；第四卷主要论述了地球物理；第五卷是根据自己笔记整理的内容。

《宇宙》一书汇集了洪堡一生的研究成果，是他半个多世纪辛勤劳动的结晶。作为第一部关于地理学和地质学的百科全书，《宇宙》堪称科学史上最宏伟的著作，地球物理科学的基础就是洪堡在《宇宙》中奠定的。

《宇宙》以优美的文字、厚实的内容和富有启发性的论点吸引了广大读者。第一卷出版后，两个月就销售一空，不久就出版了几乎囊括欧洲大陆所有语言的各种译本。

从19世纪开始，科学发展迅速，科学分工日益精细，对科学（特别是自然科学领域）进行分门别类的研究成为一种趋势。在这样的背景下，许多科学家逐渐成为精通某一领域的“专家”，而通晓各门知识的“通才”越来越少。

1859年5月6日，洪堡与世长辞，享年90岁。普鲁士政府为他举行了国葬，欧洲学术界为他的逝世深感悲痛。

地理学家洪堡

六、总体评价

洪堡志趣广泛，特别热爱科学考察和探险。1790 ～ 1797 年，他曾去过英国、奥地利、瑞典、意大利等地旅游和考察。1799 ～ 1804 年，洪堡远赴美洲进行长途旅游和科学考察。1807 ～ 1827 年，他旅居法国，在巴黎进行学术交流和研究。1827 年 5 月，洪堡回到德国，期间除应俄国政府邀请赴乌拉尔和西伯利亚进行短期考察外，一直在柏林埋头于研究和写作，直到 1859 年逝世。洪堡终生未婚，可以说把一生都贡献给了科学事业。

洪堡一生著作颇丰，贡献卓著。从 1808 年起，他开始整理资料和进行写作，有不少著作在巴黎出版，其中最著名的有 30 卷本的《新大陆热带地区旅行记》(1827 年)、《新西班牙王国地理图集》(1810 年)、《植物地理学论文集》(1805 年) 等。1829 年 5 月，受俄国政府邀请，他考察西伯利亚和乌拉尔地区，前后用了约 4 个月时间。后来他根据这次科学考察写作了《中央亚细亚》(3 卷，1843 年)。从 1830 开始的 18 年间，洪堡代表普鲁士政府奔走于普、法两国之间，业余时间则致力于写作《宇宙》一书。《宇宙》共计 5 卷，其中第 5 卷出版的时候，老人家已经逝世了。

德国地理学家阿尔夫雷德 · 赫特纳 (Alfred Hettner，1859—1941) 在其《地理学：它的历史、性质和方法》一书中提到："虽然洪堡没有写过系统的地理著作，也没有造就过一个地理学派，他却给了我们科学的启发，地理学就在这种启发下建立起来，成为一座令人仰慕的大厦。"

在地理学发展史上，洪堡的《宇宙》和同时代德国著名地理学家李特尔（Carl Ritter，1779—1859）的《地学通论》两本书的问世，被公认为近代地理学形成的标志。

顺便提及李特尔，他是近代地理学创建人之一，曾任法兰克福大学和柏林大学教授，德国第一个地理学讲座教授和柏林地理学会的创建人。李特尔最早阐述了人地关系、地理学的综合性和统一性，奠定了人文地理学的基础。李特尔认为，地理学是一门经验科学，人是整个地理研究的核心和顶点。“地学”一词就是李特尔创立的。李特尔的主要著作有《欧洲地理》（2 卷）、《地学通论》（19 卷）等。

洪堡是科学史上承前启后的人物。新一代的探险家、科学家都读过他的作品，对他本人及《宇宙》都怀有崇高的敬意。英国生物学家达尔文（Charles Robert Darwin，1809—1882）就是其中之一。达尔文在少年时期就立志要像洪堡一样探索自然。成为著名生物学家后，达尔文毫不掩饰洪堡对自己人生和事业的影响，他曾说：“以前我钦佩洪堡，现在我几乎是崇拜他。”

洪堡的科学生涯漫长，研究领域广泛，主要涉及地理学、地质学、地球物理学、气象学和生物学。不过在 19 世纪，这些学科远没有今天这样清晰和独立，或者说，洪堡的学术成就还属于传统的博物学范畴之内。

在世界探险史上，洪堡是第一个对美洲新大陆进行系统考察的科学家，其重要意义在于他实现了欧洲社会从 16 ～ 17 世纪以掠夺和占领为目的的探险到 18 ～ 19 世纪以科学考察为目的的探险的转变。

由于洪堡在地理学领域的杰出贡献，他被公认为近代地理学的奠基人和近代气候学、植物地理学、地球物理学方面重要的创始人之一。正是洪堡的科学活动和学术思想，才使得以往纯经验性的地理描述进入科学的行列。从这个角度看，他是地理学发展史上一个承前启后的人物。

洪堡和他的同时代著名学者为我们提供了继往开来的思想盛宴。在他之后，许多学者继续开拓着许多新的领域。

洪堡的主要贡献包括以下方面。

（1）首创等温线、等压线概念，绘制出世界等温线图，指出气候不仅受纬度影响，而与海拔高度、离海远近、风向等因素有关。

（2）研究了气候带分布、温度垂直递减率、大陆东西岸的温度差异性、大陆性和海洋性气候、地形对气候的形成作用。

（3）发现植物分布的水平分异和垂直分异性，论述气候同植物分布的水平分异和垂直分异的关系，得出植物形态随高度而变化的结论。

（4）根据植被景观的不同，将植物按区分类，将世界分为 16 个植物区，确立了植物区系的概念，创建了植物地理学。

（5）进行地质、地理研究，首次绘制了地形剖面图。

（6）指出火山分布与地下裂隙的关系。

（7）认识到地层越深温度越高的现象。

（8）发现美洲、欧洲、亚洲在地质上的相似性。

（9）根据地磁测量得出地磁强度从极地向赤道递减的规律。

（10）根据海水物理性质的研究，用图解法说明洋流。发现秘鲁寒流（又名洪堡寒流）。此外，他还促进了沸点高度计（即根据水的沸点推测海拔高度）的发明和山地测量学的发展。

洪堡的科学成就和著作推动了近代自然科学的发展，在世界上产生了很大影响。

此外，简单提一下洪堡的哥哥威廉·冯·洪堡（Wilhelm von Humboldt，1767—1835）。威廉·冯·洪堡的人生和所取得的成就同样卓著，他是普鲁士教育大臣、教育家、语言学家，柏林洪堡大学的创立者。他被看作是德国文化史上影响最深刻和最伟大的人物之一。因不在本书范围之内，只是点到为止。

第十九章

为近代地质学理论奠基——赖尔的杰出人生

在 19 世纪之前，地球历史一直是人类的未解之谜，人们对此充满好奇。当时广为流行的“灾变论”让地球演化的历史变得扑朔迷离。这种情况一直持续到赖尔的《地质学原理》出版。

《地质学原理》挑开了地球演化历史的神秘面纱，为人们描绘了一幅关于地球演化历史的宏观画卷，确立了地质变化的“渐变论”（即“均变论”）思想。

查尔斯·赖尔（Sir Charles Lyell，1797—1875）生于苏格兰法弗夏区金诺第的一个富有家庭。在家里的十个孩子中，赖尔是老大。赖尔的父亲是一位小有名气的植物学家，爱好古典文学，家里有很多藏书。

赖尔自幼就酷爱大自然，对博物学有广泛兴趣。不过，当时英国的社会现实是，身居上层的律师更受人尊重，这一职业是许多人所向往的。父母也希望赖尔将来能成为一名律师。

一、学术积累

1814年，赖尔进入牛津大学学习数学和古典文学。两年之后，他顺从父母的意愿改学法律。但是，赖尔对法律却没有一点兴趣，倒是对地质学情有独钟。

在牛津大学，赖尔一边学习法律，一边去听地质学家威廉·巴克兰（William Buckland，1784—1856）教授讲课，并认真地做笔记。巴克兰是《洪水遗迹》一书的作者。这本书是当时“水成论”的代表作。他还参加了牛津大学的地质活动小组，经常深入野外考察。赖尔非常喜欢各种昆虫的标本、贝壳、化石，甚至到了爱不释手的程度。

在牛津大学获得学士学位后，赖尔进入林肯法学院学习，但对自然科学的热爱一如既往。后来，他终于远离了法律专业，而专心从事感兴趣的地质学研究。

在法国巴黎做学术访问期间，赖尔聆听了法国著名的古脊椎动物学家乔治•居维叶（Georges Cuvier，1769—1832）的教诲，结识了德国著名地理学家洪堡。洪堡当时也在巴黎进行学术访问。这两个人在学术上都是赖尔的前辈，与他们交流使赖尔茅塞顿开。后来，他在自己的著作中能够把两种基本对立的理论融合到自己的思想中与那次会面有一定关系。那段时间，赖尔还顺便研究了巴黎盆地的地层和古生物化石，对巴黎盆地各种地层的关系做了详细的观察和对比。

1828 年，赖尔来到意大利，并登上了维苏威火山，目的是进行实地考察。维苏威火山位于坎帕尼亚平原那不勒斯湾的东海岸。在那里，赖尔观察了火山熔岩流，之后乘船去了西西里岛，在那里进行了 1 个多月的地层考察和研究。从西西里岛回来后，赖尔见到了地质学家罗德里克•默奇森（R. I. Murchison，1792—1871）并与其结伴进行地质考察。这次考察收获颇丰，丰富了赖尔对地质演变和地层分布规律的认识，为今后的研究工作奠定了基础。

到这时，赖尔的脑海里装满了地层、古生物化石、火山熔岩流等众多的感性知识和材料，并开始思考各种地质作用及地球进化的历史。

赖尔与默奇森保持着通信联系。赖尔在写给默奇森的信中提到自己对地质演化有了新的认识，希望自己能够把这种认识贯穿到研究地质历史的理论中，准备将今论古，重塑地球的历史。后来，赖尔将这些思想和理论融会在了一本书中，这本书就是《地质学原理》（共 3 卷）。这本书被后辈学者称为地质学的奠基性著作。

在《地质学原理》中，赖尔针对当时流行的地质变化的“灾变论”，用大量确凿的事实说明，地壳变化不是靠某种超自然力量或者巨大的灾变造成的，而是借助于最平常的自然力，在漫长的时间里逐渐形成的。这些自然力包括阳光、风雨、雷电、温度、水流、潮汐、冰川、火山、地震等。例如，岩石的风化、剥蚀或沉积是一个缓慢、不引人注意和长期积累的过程。

二、自然法则始终如一

在赖尔的思想中，地球以缓慢和渐进的方式改变着自己的面貌，而造物主是不存在的。赖尔还提出，地壳上升或者下降是地球内力和外力相互作用的结果，岩石的结构差别是在漫长的地质历史中形成的。

早在18世纪，地质学界就有了地质构造的“水火之争”（即“水成论”和“火成论”之争）。1829年，英国地质学家塞奇威克（Adam Sedgwick，1785—1873）和默奇森在考察了英国地质状况后认为，“水成论”不能解释原生岩层的成因，而“火成论”才是解释原生岩层成因的有效理论。这两个人原来都是“水成论”的信奉者，现在却倾向于支持“火成论”思想。这对“火成论”思想的传播有重要意义。

地球有着漫长的历史，而且经历了千变万化。地球的历史远非人类的历史所能比，更不是一个人一生中所能看到的。虽然如此，人类在认识地球这件事上并非无能为力。赖尔说，地球是可以认识的。认识地球演化历史的钥匙就是“自然法则始终一致”。这也是构成赖尔“地质进化论”思想的基石。

“自然法则始终一致”是英国著名地质学家赫顿最先提出的。18世纪末，赫顿提出了地球在地热作用下缓慢进化的“火成论”思想。不过，《圣经》故事明显倾向于“水成论”和“灾变说”，所以赫顿的支持者寥寥无几。

再加上赫顿的文字比较晦涩，难以在社会大众中传播自己的思想。关键时刻，赫顿的朋友普莱弗尔（John Playfair，1748—1819）发表了《赫顿地球理论说明》一书，用通俗的语言对赫顿的观点进行了阐释。普莱弗尔写道："在地球的一切变化过程中，自然法则是始终一致的，自然法则是地球演化的唯一准则。河流和岩石，海洋和大陆，都经历了各种变化。但是，指导那些变化的规律以及它们所服从的法则始终是相同的。"赖尔看了普莱弗尔的《赫顿地球理论说明》后，深受启发。

在了解了大量地质变化记录后，赖尔认为"目前地表上和地面下作用力的种类和程度，可能与远古时期造成地质变化的作用力完全相同。"这就是赖尔的"古今一致"原则。"古今一致"原则和"均变论"思想，以及"以今天发生的地质事件推测古代地球演化"的方法具有普遍性。

既然作用于地球的各种自然力古今一致，那么我们就可以根据现在看到的仍然在起作用的自然力去推论过去，进而解释地质历史时期的各种地质作用和地质现象。赖尔创立的这种以现在推论过去的方法是"一把有效解读过去的钥匙"。

书中所确立的"均变论"从指导思想到研究方法为人们描绘了一幅地球演化史的清晰画面，也使地质学充满了理性。

《地质学原理》是19世纪关于地质进化理论的经典著作，也是地质学的奠基性著作。达尔文十分推崇《地质学原理》一书。

三、杰出人生

赖尔治学十分严谨，对自己的作品更是精益求精。到1833年，《地质学原理》已出版了3卷，此后他对《地质学原理》进行了多次修订。到《地质学原理》出版第10版时，许多章节几乎进行了重写。

赖尔的这部著作为近代地质学发展奠定了科学的理论基础，赖尔也被称为“近代地质学之父”。

从18世纪末到19世纪初，欧洲的自然科学有了很大发展，其中就包括地质学。赖尔提出的地质进化思想以及他所确立的“古今一致”原则为地质学的发展做出了重要贡献。《地质学原理》在整个科学发展史上也占有重要地位。恩格斯给予《地质学原理》高度的评价。

我们也应该看到，赖尔的地质进化思想有明显的局限性，如他根据“古今一致”原则，认为引起地球变化的各种作用力古今一样，但实际情况并非这样。

赖尔先后两次到美国和加拿大考察，回来后写了两本很受欢迎的旅行与地质学书籍，一本是1845年出版的《北美之旅》（*Travels in North America*），另一本是1849年出版的《再访美国》（*A Second Visit to the United States*）。

从一些头衔和荣誉可以看出赖尔在地质学上的杰出贡献和重要性。1826年，赖尔被选为英国皇家学会会员；1831年，赖尔担任伦敦皇家专门学校地质学教授；1849年，他当选为伦敦地质学会主席；1853年，被牛津大学授予名誉博士学位；1858年，他获得科普利奖章（Copley Medal）；1861年，当选为英国皇家学会主席；1864年，任英国科学促进协会主席；1866年，获得沃拉斯顿奖章（Wollaston Medal）；1874年，被剑桥大学授予名誉博士学位。他曾四次被选为英国地质学会会长。

1875年，赖尔去世，死后被安葬在西敏寺大教堂。月球与火星上各有两个坑洞就是用赖尔的名字命名的，这是对这位近代地质学理论奠基人的最好纪念。

第二十章

20世纪的地质学——从思辨到实证

地质学其实很年轻。在17世纪以前，没有什么像样的地质学理论，所谓的地质思想也只不过是个别学者和个别著作中的零星述及。在这方面，它根本没法与数学或天文学相比。

17世纪中叶以后，围绕地质演化的理论和思想开始繁荣。繁荣局面的形成带动了不同学术观点的碰撞和争鸣。进入20世纪，地质学开始了从思辨到实证的回归。

由于缺乏金属开采和岩石成因的实践和观察，早期的地质学知识七零八落。自然哲学家们苦思冥想，最终形成的地质学理论带有很大的思辨色彩。

18 世纪末，关于地质形成理论有过非常激烈的争论，争论的结果是形成了两个学派：一个学派强调形成地层的水的作用，这一学派就是“水成论”派；另一个学派强调形成地层的火的作用，这一学派就是“火成论”派。到这时，地质学开始成为一门独立的学科，并在 19 世纪早期达到相对成熟。

1790 ～ 1830 年这段时期被称为“地质学的英雄时代”。当时的地质学家在考察岩层顺序及岩层所含矿物和化石方面做了大量工作。工作方法的重要进步表现在根据岩层所含生物化石对岩层进行分类。

一、大陆漂移学说

1. 思想的出笼

在魏格纳之前，大陆漂移思想已经在孕育之中。早在 1620 年，英国人弗朗西斯·培根（Francis Bacon，1561—1626）就指出，非洲和秘鲁西海岸的轮廓大致吻合，但他没有进一步探究产生这种相似性的原因。200 年后，美国人安东尼奥·斯尼德·佩雷格里尼在其著作《创世纪及其未解之谜》中首次提出了大陆分裂和板块移动的思想，不过这本书没有引起多大反响。

奥地利地质学家爱德华·苏斯（Eduard Suess，1831—1914）曾经提出，地球上存在着亚特兰蒂斯和冈瓦纳两块大陆，后来的大陆就是过去大陆的遗迹，其中的一些大陆碎片早已沉入海底。苏斯的工作就到此为止，他没有提出原始大陆分裂的过程，更没有建立大陆漂移的大致轮廓。

1910 年，美国地质学家泰勒（F. B. Tylor）发表了长篇论文。泰勒认为，潮汐力将大陆从极地拉开，逐渐形成了如今的陆地格局。泰勒用地质学的证据进一步完善了这一假说。尽管如此，这篇论文也没有引起学术界的广泛关注。其实，泰勒、苏斯、培根都徘徊在大陆漂移学说的附近。

德国地质学家魏格纳尽管半路出家，但他对海陆的痴迷没人能比，而且，他的感觉很准。

1910 年的春天，魏格纳突然发现，大西洋两岸的轮廓吻合得相当好。这一发现使魏格纳非常惊异，大陆漂移的想法在头脑中一闪而过。后来在阅读文献的过程中，魏格纳就特别留意其他学者类似的说法。在综合了前辈的观点和自己的考察结果后，他产生了一个想法，即非洲大陆和美洲大陆曾经可能是连在一起的，只是后来才逐渐漂离，并且越漂越远。

从那之后，魏格纳收集了所有能找到的资料，同时继续进行地质考察，特别是对大西洋两岸地形和地层的考察。考察结果非常振奋人心。他发现的第一个证据是北美洲纽芬兰一带和欧洲北部的褶皱山系遥相呼应；第二个证据是美国阿巴拉契亚山和英国西部及中欧一带的山系遥相呼应；第三个证据是非洲西部超过 20 亿年的古老岩石的分布区和巴西古老岩石的分布区非常类似，其岩石结构和构造也非常吻合；第四个证据是非洲南端开普勒山脉地层和南美洲阿根廷首都布宜诺斯艾利斯附近的山脉遥相呼应。这四个证据说明，北美洲和欧洲可能曾经相连，非洲和南美洲同样曾经相连。心情激动的魏格纳沉浸在这一系列发现之中。激动之余，他又转向化石研究。

在他之前，古生物学家已经发现，即使远隔重洋，这些大陆之间的古生物似乎存在着密切的亲缘关系。以下列举几个例子。第一个例子是，巴西的古地层和南非的同类地层中同时存在一种生活在淡水中的爬行动物中龙的化石。这种化石却没有在地球的其他大陆上发现。再看第二个例子，有一种叫做园庭蜗牛的生物生活在欧洲的德国和英国，但同时也生活在大西洋对岸的北美洲。如果不是因为大陆漂移而使曾经连在一起的陆块相互远离，爬行极其缓慢的蜗牛是如何穿越大西洋的千重波澜而从一岸到达另一岸的？第三个例子也很典型。古生物学家在澳大利亚、印度、非洲等地的晚古生代地层中都找到了古生代的蕨类植物舌羊齿的化石。类似的发现还有很多。

魏格纳注意到了这些现象，提出了“陆地曾经相连，只是后来才分开”的观点。这种说法一出笼，就受到那些坚持大陆不动观点的学者的强烈反对。在这场论战中，魏格纳几乎是孤军奋战。

在南美洲、非洲、印度和南极洲等地，曾经广泛分布着冰川，从冰川的擦痕就能判断那些古冰川的流动方向相似，由冰川遗迹和类型能够判断这些冰川的规模和特征也极为相似。过去的地质学家对这一问题一筹莫展，但魏格纳的观点却对此做出了有力的解释。他认为，这些古冰川都曾连在一起，且位于南极附近，冰川的中心在非洲南部，后经大陆的分裂而变迁。

除古冰川遗迹外，从蒸发盐、珊瑚礁等古气候标志物也可以推断出相应的古纬度。但古纬度和如今的大陆位置相冲突，这足以说明以前的大陆不在现今所处的位置。

对这些问题，魏格纳做了一个形象的比喻，即如果将一张齐整的报纸撕碎，两片撕碎报纸参差不齐的毛边都能拼接，甚至印刷文字都能相互连接，我们就完全有理由相信，这两片碎报纸曾经是一张完整的报纸。

2. 在争论中确立重要地位

大陆漂移学说的正式提出是在1912年的法兰克福地质学会上。一个具有突破性的科学假说的提出，总会面临来自各方面的压力，魏格纳也面临了相同的境遇。他的观点一提出，便在地质学界引起了巨大的轰动，但大多是反对和质疑的声音。连魏格纳的岳父、著名气象学家柯本（Wladimir Peter Kppen ，1846—1940）也希望他能回到气象研究领域。

反对的原因很多，最主要的原因是魏格纳无法解释大陆漂移学说中漂移的动力问题。此外，魏格纳的本行是气象学而不是地质学，也是被很多地质学家攻击的原因。而当时被拥护的那些学说，也是魏格纳的拦路虎。在人们固有思维处于绝对优势的情况下，大陆漂移学说不仅被冷落，也被学术界所耻笑。

在大陆漂移学说之前，已经出现了不少重要的假说，如冷缩说、膨胀说等。尽管这些学说未能阐明真相，却促进了地质学的发展和前进，也根深蒂固地植入人们的脑海，其中最典型的就是冷缩说。

冷缩说是最早的地球动力学假说，是由法国地质学家博蒙特（Elie de Beaumont，1798—1874）提出的。博蒙特的主要著作有《山系成因论》（1852年）和《论火山喷出物与矿化的关系》（1847年）。博蒙特认为，地球是从炽热状态逐渐冷却而成的，并将其直观地与皱缩的苹果进行对比。

冷缩说假定最初的地球是一个炽热的球体。在早期的发展过程中，地球发展成一个地核为铁质、地幔为硅质的球体，地幔呈液态，并从地核向外慢慢凝固。在这个过程中，地球因放热变冷而不断收缩。但在地球内部的几百公里之下仍保持着原来的温度。而地球最外部的圈层（即如今的岩石圈和地幔）却慢慢变冷。这样一来，最外部圈层因匀速冷却而开始收缩。

冷缩说的提出是地质学的一个重大进步，揭示了地壳的水平运动，也明确了全球地质的物理基础。它算得上一种固定论。它认为，全球的引力场都相同，无应变面以上发生收缩，而无应变面以下发生拉伸。

冷缩说还提出过这样的假想：若地球因冷却而在表层发生收缩，其内部则呈现引张状态。又因受到大陆压力，大陆下的引张量必定远远小于大洋下的，这样就导致大洋盆的永久性。而海陆交接处的造山运动表现得最突出，人们因此产生了大地生长的想法。

地质学家魏格纳

冷缩说一直流行到20世纪中叶。人们坚信，地球在地质历史进程中很可能发生过收缩，因此即便冷缩说一直存在不完善且证据明显不足的缺点，还是得到了人们的认可，并发展成了两种收缩假说。其中一种是弹性不稳定说，即在地球变冷时，岩石圈会像皱缩的苹果那样，因褶皱作用而发生明显弯曲，这种皱缩因其幅度极大，在弹性上并不稳定，因而也有人称为断裂－收缩假说。另一种观点认为，当地球通过冷却而收缩的时候，在它表面形成了褶皱山脉，使深海底隆升为陆地，大陆则沉降为海地。

和冷缩说一样根深蒂固的还有陆桥说和海陆永存说。魏格纳认为应该完全否决冷缩说，但可以通过大陆漂移学说协调陆桥说和海陆永存说之间对立的关系。魏格纳认为，大陆上并没有随时间推移而逐渐沉没的陆桥，但陆块曾经真正连接过，后来才逐渐漂离，永存的只是海陆的整个面积，而非个别的海和陆。

魏格纳将那些简朴和零散的大陆漂移思想加以发展，并于1915年出版了《海陆的起源》一书。系统阐述了大陆漂移的问题，正式确立了大陆漂移学说。

魏格纳认为，较轻的刚性硅铝层（大陆的主要成分）浮在较重的黏性硅镁质之上。魏格纳将地球上所有的大陆黏合为一个统一的巨大陆块，并称其为泛大陆，围绕着泛大陆的广阔海洋被称为泛大洋。从中生代开始，泛大陆逐渐裂解、分离，由此产生了大西洋和印度洋，分离出的碎块逐渐漂移到如今的位置。魏格纳用以往搜集到的证据证明了这些理论。

魏格纳一直在探索和完善着大陆漂移的原动力问题。由大陆漂移的方向可知，大陆漂移的原动力主要包括两种趋势：一种是由地球的两极向赤道的离极运动；另一种是向西漂移，向西漂移的力主要是潮汐引力。但由计算可知，这些力都非常小。魏格纳一直强调，再小的力在长时间作用后也能够移动大陆，但这个观点受到大多数人的反对。人们普遍认为，这些力不能够克服对大陆运动的摩擦阻力。

在很多科学家眼里，魏格纳只是一个局外人，一个对古生物学和地质学没有任何贡献的“门外汉”。不同观点的争论长达半个世纪，人们终于接受了魏格纳的大陆漂移学说。大陆漂移学说对地质学的贡献得以确立，成为地质学发展史上伟大的转折点和重要丰碑。

二、海底扩张学说

19世纪70年代，英国“挑战者”号调查船通过环球考察，确定了北大西洋中的海底山系。在1925～1927年，德国“流星号”的回声探测到大西洋中的洋中脊长约17 000千米。因为它位于大西洋的中部，被称为洋中脊。

20世纪50年代，在世界各大洋都发现了洋中脊。它们都位于大洋中部，且比人们设想的更连续，底部发生了某种上涌；大洋盆地较年轻，而大洋盆中的沉积远远少于以前的假定。原来的地质学说并不能对大洋底的这些构造现象做出准确的解释。

20世纪60年代初，有科学家用洋中脊的高热流来说明地幔中的上升对流，也解释了洋中脊的拉张性质。其中，美国地质学家赫斯和罗伯特·辛克莱·迪茨（Robert Sinclair Dietz，1914—1995）悉心研究了对流方案，提出了“海底扩张”的概念。赫斯是海底扩张学说的首创者，而迪茨在1961年的一篇论文中首次提出“海底扩张”这一名词。

海底扩张学说能很好地解释大洋地壳层的相关问题，如一直都未得到解决的地壳层厚度均一问题、洋底的年龄及脊上沉积物的堆砌等。

赫斯用现在或过去500℃等温面来代表“大洋层”底部。在洋中脊，因地幔对流涌出的橄榄岩及水经由这个等温面时产生蛇纹岩①，

① 蛇纹岩是原岩中的橄榄石和榴辉石发生蛇纹石化而形成的，其色泽不均匀，通常为黄绿色、灰绿色或黑绿色。其质地较软，具有滑感。

从而形成了新洋壳。但在缺水的大前提下，未蛇纹岩化的橄榄岩却不能转变为蛇纹岩，于是“大洋层”基本同其在洋中脊处形成的厚度相同。

迪茨和赫斯的模式类似，但迪茨认为，玄武岩质的辉长岩组成了洋壳，其上地幔是榴辉岩。迪茨将地球表面到70千米深处的层位称为坚硬岩石圈，还将坚硬岩石圈当做重要的力学单元。迪茨坚信，岩石圈下面存在一个软层，岩石圈在这个软层上能够进行较自由的活动，这一思想孕育了后来的板块构造说。

海底扩张学说一提出，便得到地质学家威尔逊的大力支持。他认为，大西洋的火山岛原本形成于洋中脊，但在对流体传送带上发生了移动。离洋中脊越远，岛屿的年龄便越老。例如，临近洋中脊的扬马延岛岩石的年龄小于1000万年。威尔逊在印度洋和太平洋中列举了一系列类似岛屿的年龄。岛屿年龄不仅证实了大陆漂移学说的正确性，也为海底扩张说提供了有力证据。

赫斯和迪茨的海底扩张学说不同于早期的霍尔姆斯模式，即地幔对流会在玄武岩质的地壳下发生，也不同于后来的威尔逊模式，即将地幔对流限制在岩石圈下。

海底扩张学说认为，在洋中脊，地幔物质随地幔上升产生了新的大洋岩石圈，这个岩石圈从洋中脊向两侧扩张，在海沟处，因地幔下流而在俯冲的过程中不断更新和消亡。洋中脊是大洋岩石圈的生长带，海沟则是大洋岩石圈的消亡带。

在大陆漂移学说快被淹没在不同质疑声中时，海底扩张学说适时地支持了它。人们也开始关注海底的地形。人们也越来越重视海底地形测量、海底地质探索和海洋地球物理观测，如地震、地磁和地热的测量。

通过海底探测，人们知道大洋地壳的年龄远小于大陆，知道海底是地球上最充满活力的地方，大洋地壳是推动大陆地壳活动的重要动力或边界条件。人们还知道，在浩瀚的海面下存在着全球规模最大的海底山脉——海岭。它们首尾相接，同时纵贯大西洋、印度洋、太平洋及北冰洋，弯弯曲曲约有65 000千米长。正是在海岭中央的洋脊地带，炽热的岩浆从地幔喷出，并向两侧扩展，在扩展中延伸和凝固，从而形成新的大洋地壳。

当洋中脊的岩浆喷出过快、过猛时，大洋地壳就会加速扩张，形成较宽的洋中脊地貌。东太平洋洋中脊隆起就属于这种情况。当洋中脊的岩浆喷出较弱和喷出量较少时，大洋地壳扩张就会减速，洋中脊就会出现较高、较窄的状态。大西洋洋中脊属于这种情况。

当地幔冒出的炽热岩浆接触到海水后，就会在海床上形成枕状玄武岩。大洋地壳由最新的玄武岩构成。新形成的大洋地壳会将较老的地壳向两侧推开，大洋地壳便因此继续扩张，这就是海底扩张。推开的较老地壳逐渐冷却并加厚，当其扩展到海沟处时，便又隐入地球内部。

环太平洋的大洋地壳会在海沟处终结。由洋中脊到海沟，大洋地壳完成了一个重要的循环过程。这一循环过程历时约 2 亿年，这是大洋地壳的最大年龄。

大洋地壳的生成过程中也会形成海洋磁力异常的条带。在大洋地壳的岩浆成分中，含磁性的矿物成分大于大陆地壳的成分。这些具有磁性的矿物，通常会在岩浆冷却中顺地磁方向排列。在岩浆冷却后，这些排列好的玄武岩便带有微弱的磁性。

海底扩张作用通常以洋中脊为轴，并向两侧扩张。一般来说，海底扩张的强度可用扩张率来表示。由计算结果可知，太平洋的扩张率为每年 5 ～ 7 厘米，大西洋的扩张率为每年 1 ～ 2 厘米。海底扩张学说在大陆漂移学说的基础上，将洋中脊的扩张和海沟岛弧的俯冲相关联，认为大洋的水体虽然古老，但洋底却不断产生新洋壳。同样，大陆也由不同时代陆块间的断裂、拼合和生成共同产生。

赫斯教授认为，新的火山岛最初出现在海面上，会受到风浪的冲击。而如果岛上的火山活动停止了，则可能变成死火山，在风浪的侵蚀下，逐渐失去再生的能力。很久以后，火山岛便成了顶面平坦的平顶山。赫斯发现，具有相同特征的海底平顶山，离洋中脊越近，其年代越短，其山顶离海面也越近；离洋中脊越远，其年代越久远，山顶离海面也越远。这就是赫斯对海底火山的认识。

1960年，赫斯提出了海底运动假说。他表示，洋底的运动过程与一块正在卷动的大地毯相似，通常从大裂谷的两边开始向内部卷动。这条大地毯由一条大裂谷卷到一条深海沟的时间为1.2亿～1.8亿年。较贴切的比喻是，托着海水的洋底在地幔中存在着广泛的大规模对流运动。上升流会通向地表，从而形成洋中脊；下降流则在大洋边缘形成了巨大的海沟。到这时，赫斯的观点才赢得了更多人的理解。

三、板块构造学说

在大陆漂移学说和海底扩张学说的基础上，法国地质学家勒皮雄与麦肯齐、摩根等共同提出了一种新的地学理论——板块构造学说。其动力支持是海底扩张学说。古地磁研究等新的证据也能够证明陆块曾发生过漂移。

板块构造也称为全球大地构造，其板块指岩石圈板块，具体包括整个地壳和莫霍面下的上地幔顶部。新的全球构造理论认为，大陆壳和大洋壳都曾发生过大规模的水平运动，并且这种运动一直在进行着。但这种水平运动并不同于大陆漂移学说设想的那样，它不是发生在硅镁层和硅铝层之间，而是发生在岩石圈板块整个地幔软流层上的运动，其移动类似于传送带上的物品移动，而大陆便是传送带上的物品。

1968年，勒皮雄将全球地壳划分为六大板块——太平洋板块、亚欧板块、非洲板块、美洲板块、印度洋板块和南极洲板块。其中，除了太平洋板块全部为海洋之外，其他的五个板块既包含了大陆又包括了海洋。

另外，在这些板块中，还可以区分出一些次级小板块。例如，将美洲板块分成南美洲、北美洲两个板块，而菲律宾、阿拉伯半岛、土耳其等也可被当做单独的小板块。板块间通常连有洋中脊、深海沟和断层等。

洋中脊也被称为海岭，在大西洋和印度洋中间存在着地质活动性海岭，它由两条平行的脊峰和中间峡谷构成。太平洋也存在着类似的地震性海岭，但其不在大洋中间，而是偏于大洋的东边。它不存在两排脊峰，因而被称为太平洋中隆。

实际上，海岭是海底分裂而成的新地壳地带。转换断层的过程中，它被洋中脊分成了若干小段，不是一种简单的平移断层，而是向两侧分裂着。其一边会发生水平错动，同时产生一种叫做“转换断层”的地层。在相撞过程中，两个板块因接触部分挤压而发生变形，形成褶皱山脉，使其与分离的大陆块相合，相合处被称为地缝合线。通常来讲，板块内部的地壳都比较稳定，板块与板块交界处的地壳活动频繁，火山、地震和褶皱常见于这些地方。

那么，是什么力量驱使板块进行运动呢？赫斯在海底扩张说中提到，洋中脊是地幔对流上升处，物质不断从这个地方流出，冷却后凝固成大洋地壳，之后涌出的热流把先前形成的大洋壳向外推，结果洋中脊以每年 0.5 ～ 5 厘米的速度向两边扩展，大洋壳不断增添新的条带。

所以，洋底岩石的年龄离洋中脊越远越老。在移动过程中，大洋壳遇到了大陆壳，便俯冲入地幔中，俯冲地带往往会形成深海沟。大洋壳每被挤压一次，便在一定程度上发生断裂，最后被挤入 700 千米之下，被处在高温熔融状态下的地幔物质吸收。而向上仰冲的大陆壳会形成孤岛或山脉，它们通常和海沟一同形成。

现今太平洋周围的岛屿、海沟、大陆边缘山脉、地震和火山都基于这个原因发生或形成。因此，海洋地壳因洋中脊而产生，到海沟岛弧一带消失。这样的更新，2 亿～ 3 亿年便会发生一次。因而，海底岩石都比较年轻，其平均厚度为 5 ～ 6 千米，其主要成分是玄武岩。

根据板块构造学说，由于软流层运动，各个板块也会发生相应的水平运动。据统计，大板块每年移动的距离为 1 ～ 6 厘米。这个速度看起来微不足道，但经过亿万年之后，地球上的海陆面貌就会发生巨大的改变。

在两个板块逐渐分离的过程中，分离处就会产生凹地和海洋，东非大裂谷便是两个大板块分离形成的。如果两个大陆块相互靠拢和挤压，就会在碰撞处形成高险的山脉。喜马拉雅山脉就是这样形成的。

此外，还有第三种情况。当两个坚硬板块碰撞时，其所接触的岩层没有发生变形，只是其中一个板块深陷入另一个板块中，且由于碰撞的力量过大，其部位插入很深，以至于原来板块上的老岩层到达高温地幔后被熔化。而在板块向地壳深处插入的位置，已经形成很深的海沟。西太平洋海底的大海沟就是这样形成的。

板块构造学说告诉我们，大洋有生有灭，能从无到有、从小到大；反之，大洋也能从大到小、从有到无。人们通常将大洋的发展分为胚胎期（如东非大裂谷）、幼年期（如红海和亚丁湾）、成年期（如大西洋）、衰退期（如太平洋）和终了期（如地中海）。大洋的发展和大陆的分合相互依存。

在前寒武纪时期，地球上只存在一块大陆（即泛大陆）。到中生代时变成了两块大陆。到三叠纪末期，两个古陆进一步漂离，距离也越来越远。最初的狭窄海峡在发展的过程中，逐渐形成印度洋、大西洋等巨大的海洋。

到了新生代，由于印度次大陆已经漂至亚欧大陆南缘，两个板块经常发生碰撞，由此产生了青藏高原和喜马拉雅山系。而非洲还在向北推进，特提斯海逐步缩小到现在的规模。

欧洲南部因挤压而形成了阿尔卑斯山系。南美洲、北美洲在向西漂移的过程中，其前缘受太平洋的挤压而形成了科迪勒拉－安第斯山系。在这个过程中，南美洲、北美洲在巴拿马地峡处相接。大洋洲渐渐脱离南极洲，慢慢漂移到现在的位置。现代海陆的基本轮廓由此形成。

用板块构造学说阐述以上形成过程非常简单。最基本的便是板块的生长、漂移、俯冲和碰撞。它深刻地阐述了地震和火山岛分布、地磁和地热现象及岩浆和造山作用。同时它还详细阐述了全球性洋中脊和裂谷系、环太平洋和地中海构造带的形成，也让人们了解了大陆漂移、洋壳起源、洋盆生成和演化等重要问题。

板块构造学说第一次对全球地质活动做了系统而详尽的科学阐释，对了解地质活动、寻找地质资源和预测地质灾害具有重要意义。

但这一学说还存在一些有待解决的问题。除驱动机制外，现有板块构造学说并不能十分完美地解释板块内部的地震、火山和构造活动，如水平变形、隆起和陷落等现象。板块构造说还需要不断修正和发展。尽管如此，它对地质学理论的发展已经具有重大意义了。

四、三大假说的内在联系和主要区别

大陆漂移学说、海底扩张学说和板块构造学说都属于和固定论对立的学说。这三种学说一脉相承。板块构造学说是对海底扩张学说的延伸和发展，而海底扩张学说和板块构造学说又促进了大陆漂移学说的“复活”。因此，三个学说是不可分割的三部曲，是地质学理论发展的重要革新。它们有以下不同之处。

大陆漂移学说重在从大陆的角度展开阐述，描述了大陆和大陆间大规模的水平运动，主要理论是硅镁层在硅铝层上发生漂移，但由于不能解释动力源等问题而逐渐被埋没。

海底扩张学说是从洋底开始论述，主要论述了洋底的扩张使大陆分离，洋底的俯冲作用产生沟－弧体系，系统阐明了大陆漂移学说不能解释的皱缩和凹陷。

板块构造学说则将海底扩张学说的基本原理扩展为整个岩石圈，重新认识了岩石圈的运动和演化规律。这个理论把地球的岩石圈分为若干个刚性板块，它们漂浮在软流圈上，在地球表面发生大规模的水平移动。相邻的板块间会相互碰撞、离散和汇聚，因此产生了地震、火山和构造运动。

总体来说，板块构造学说囊括了大陆漂移学说和海底扩张学说的内容，是目前发展较完善的学说。虽然地质学仍然存在许多无法解释的难题，但随着科学的发展和研究技术的提高，地质学理论将会不断地得到充实和完善。

参 考 文 献

阿尔夫雷德•赫特纳 . 1983. 地理学：它的历史、性质和方法 . 王兰生译 . 北京：商务印书馆 .

阿西摩夫 . 1988. 古今科技名人辞典 . 潘幼博，等译 . 北京：科学出版社 .

柏拉图 . 2003. 蒂迈欧篇 . 谢文郁译 . 上海：上海人民出版社 .

班固 .2007. 汉书 . 西安：三秦出版社 .

陈正祥 .1979. 中国地图学史 . 香港：商务印书馆香港分馆 .

大沼正则 . 1983. 科学的历史 . 宋孚信，关英民，肖洪钧，等译 . 北京：求实出版社 .

戴维•林德伯格 . 2001. 西方科学的起源 . 王珺，刘晓峰，周文峰，等译 . 北京：中国对外翻译出版公司 .

杜布斯 . 1988. 文艺复兴时期的人与自然 . 杭州：浙江人民出版社 .

杜石然 . 1982. 中国科学技术史稿 . 北京：科学出版社 .

恩格斯 . 1984. 自然辩证法 . 于光远等编译 . 北京：人民出版社 .

法显 . 2008. 佛国记 . 田川译注 . 重庆：重庆出版社 .

侯仁之 .1962. 中国古代地理学简史 . 北京：科学出版社 .

莱伊尔 . 2008. 地质学原理 . 徐韦曼译 . 北京：北京大学出版社 .

老多 . 2010. 贪玩的人类：那些将我们带进科学的人 . 北京：科学出版社 .

郦道元 .2011. 水经注 . 叶当前，曹旭注评 . 南京：凤凰出版社 .

林成滔 . 2004. 科学简史 . 北京：中国友谊出版公司 .

罗素 . 1963. 西方哲学史 . 上卷 . 何兆武，李约瑟译 . 北京：商务印书馆 .

罗素 . 1976. 西方哲学史 . 下卷 . 马德元译 . 北京：商务印书馆 .

马可•波罗 . 2008. 马可•波罗游记 . 梁生智译 . 北京：中国文史出版社 .

马苏第 . 2013. 黄金草原 . 耿昇译 . 北京：人民出版社 .

潘永祥 . 1984. 自然科学发展简史 . 北京：北京大学出版社 .

申漳 . 1981. 简明科学技术史话 . 北京：中国青年出版社 .

沈括 .2016. 梦溪笔谈 . 诸雨辰译注 . 北京：中华书局 .

司马迁 .2011. 史记 . 北京：中华书局 .

斯蒂芬·F. 梅森 . 1980. 自然科学史 . 周煦良，全增嘏，傅季重，等译 . 上海：上海译文出版社 .
孙荣圭 . 1984. 地质科学史纲 . 北京：北京大学出版社 .
汤浅光朝 . 1984. 解说科学文化史年表 . 张利华译 . 北京：科学普及出版社 .
唐晓峰 .2005. 人文地理随笔 . 北京：生活·读书·新知三联书店 .
王成组 . 2015. 中国地理学史 - 先秦至明代 . 北京：商务印书馆 .
王庸 .1998. 中国地理学史 . 北京：商务印书馆 .
王子贤，王恒礼 . 1985. 简明地质学史 . 郑州：河南科学技术出版社 .
魏格纳 . 2006. 海陆的起源 . 李旭旦译 . 北京：北京大学出版社 .
吴国盛 . 2009. 科学的历程 . 北京：北京大学出版社 .
徐霞客 . 2015. 徐霞客游记 . 朱惠荣，李兴和译注 . 北京：中华书局 .
许靖华 . 1996. 古海荒漠 . 朱文焕译 . 北京：生活·读书·新知三联书店 .
许靖华 .2006. 搏击沧海：地学革命风云录 . 何起祥译 . 北京：地质出版社 .
玄奘述，辩机撰 . 2007. 大唐西域记 . 桂林：广西师范大学出版社 .
亚·沃尔夫 . 1984. 十六、十七世纪科学、技术和哲学史 . 周昌忠等译 . 北京：商务印书馆 .
亚·沃尔夫 . 1991. 十八世纪科学、技术史和哲学史 . 周昌忠等译 . 北京：商务印书馆 .
杨天林 . 2009. 杨天林文化散文：史前生命 . 银川：宁夏人民出版社 .
杨文衡 . 1994. 世界地理学史 . 长春：吉林教育出版社 .
佚名 . 2009. 山海经 . 王海燕译注 . 北京：中央编译出版社 .
佚名 .2006. 诗经 . 王秀梅译注 . 北京：中华书局 .
曾少潜 . 1982. 世界著名科学家简介 . 北京：科学技术文献出版社 .
中国科学院中国自然科学史研究室 . 1963. 中国古代科学家 . 北京：科学出版社 .
中国科学院自然科学史研究所近现代科学史研究室 . 1985. 二十世纪科学技术简史 . 北京：科学出版社 .
自然科学史研究所 . 1978. 中国古代科技成就 . 北京：中国青年出版社 .
J. D. 贝尔纳 . 1959. 历史上的科学 . 伍况甫，彭家礼译 . 北京：科学出版社 .
W. C. 丹皮尔 . 1975. 科学史及其与哲学和宗教的关系 . 李珩译 . 北京：商务印书馆 .

后　　记

本套丛书的写作花费了近三年时间，但与此有关的积累和准备工作远超过十年。对文学的爱好和对科学的执着使我找到了一个好的契合点，那就是尽可能用文学的语言讲述科学发展的历程及著名科学家的故事。工作之余，我的几乎所有业余时间的写作都与科学和文化有关。

此时此刻正是北方的春天，窗外渐浓的绿色和灿烂阳光似乎传递着自然的某种气息和对生命的某种祈盼。我首先要感谢科学出版社科学人文分社的侯俊琳社长，没有他的发现和耐心细致的督促，就不会有系统的“科学的故事丛书”的出现。

2015年春天，当俊琳社长与我讨论关于丛书的策划和内容时，我深深感到一位出版人的远见和博大胸怀。这是一件非常有意义、也很有吸引力的工作。我认为，我们的一切发展都必须以脚下的历史为根基。只有在传承科学积淀和历史文化的基础上，我们才能将人类的科学文化发扬光大，并进一步开创美好的未来。以往，在自然哲学和自然科学方面，我们忽视了对历史的关注，本套丛书的出版就是为了弥补这方面的不足。

书中配了适量有趣的漫画插图，线条流畅、幽默风趣，与文字配合默契，使所叙述的故事更加生动、直观和亲切，使读者平添一种身临其境的感觉。本套丛书面向的是那些具有中学以上文化程度的读者，他们对数学、物理学、化学、生物学、天文学、地理学和自然的基础知识有一定了解和理解，同时渴望知道科学的起源，渴望走近源头汩汩不息的溪流。

感谢所有为本套丛书的出版付出心血的人，感谢科学出版社相关领域的专家和审稿人为丛书的面世所做的大量工作，作者从中受益良多。特别感谢本书的责任编辑朱萍萍、张莉、田慧莹、程凤、张翠霞、刘巧巧等老师，他们本着精益求精的原则，对书稿的质量进行了严格把关，在审读、加工和校对的各个环节都表现出了高度的专业精神和责任感。感谢中国科学院自然科学史研究所张柏春所长和关晓武研究员的关心和支持，感谢潘云唐、郭园园、刘金岩、樊小龙、徐丁丁、崔衢、李亮、鲍宁等专家对丛书的仔细审阅和提出的建设性意见。

在此想说明的是，在篇幅有限的作品中，我特别注意文字的可读性、知识的教谕作用和思想的启蒙价值。可以说，书中的每一个单元都是一篇科学散文，我的初衷就是走进历史深处、挖掘科学文化。书中也表达了我在科学教育、科学研究及阅读、写作过程中产生的一些想法和观点，错误和不当之处在所难免，希望富有见解的读者和学者批评指正。

杨天林

2018 年 3 月